현대 과학으로 살펴본
조상들의 지혜로운 생활이야기

이광렬 지음

일진사

머리말

우리는 5천 년이나 되는 오랜 역사를 바탕으로 찬란한 문화를 세계에 남긴 우수한 민족입니다.

지금처럼 과학이 발달하지 않았던 시대에도 조상들의 생활 속에는 과학이 숨어 있었습니다.

과거를 되돌아보는 이유는 현대를 슬기롭게 살고, 미래에 대한 준비를 하기 위해서입니다. 그런 의미에서 우리의 조상들이 어떻게 생활했는지 살펴보는 것은 매우 중요한 일입니다.

요즘에는 다른 나라의 팝 가수나 모델, 배우 등 연예인에게는 열광적인 반응을 보이면서도, 정작 우리의 역사 인물에 대해서는 그다지 관심을 갖지 않습니다.

이 책은 조상들의 과학적인 생활 모습을 한눈에 볼 수 있도록 재미있게 꾸몄습니다. 이 책을 통해 조상들의 지혜를 습득하기 바랍니다.

이 광 렬

차 례

 **음식에 얽힌 조상들의 지혜**

1. 산모는 왜 미역을 먹을까요? ………… 10
2. 밥과 김치는 왜 궁합이 좋을까요? ………… 14
3. 조상들은 물을 어떻게 이용했을까요? ………… 19
4. 청국장은 몸에 왜 좋을까요? ………… 22
5. 된장은 어떤 효능을 가지고 있을까요? ………… 25
6. 고추장은 어떻게 만들어졌을까요? ………… 28
7. 삼계탕에는 어떤 영양가가 있을까요? ………… 32
8. 막걸리를 어떻게 먹게 되었을까요? ………… 35
9. 추어탕에 산초를 왜 넣었을까요? ………… 37
10. 여름에는 얼음을 어떻게 보관했을까요? ………… 40
11. 메밀과 무를 왜 함께 먹었을까요? ………… 43
12. 돼지고기와 새우젓은 왜 같이 먹을까요? ………… 46
13. 기침이 심할 때에는 왜 무즙을 먹을까요? ………… 49
14. 장어와 복숭아는 왜 같이 안 먹을까요? ………… 51
15. 산나물에는 어떤 효능이 있나요? ………… 54
16. 된장독에 왜 숯을 넣었을까요? ………… 56
17. 동짓날 왜 팥죽을 먹었을까요? ………… 58
18. 여름철에는 음식을 어떻게 보관했을까요? …… 62

19. 생선회는 왜 무채 위에 올려놓을까요? ·················· 66
20. 대보름날에는 왜 오곡밥을 먹었을까요? ·················· 69

주거 생활에 얽힌 조상들의 지혜

1. 전통 가옥에는 어떤 지혜가 숨어 있을까요? ·················· 74
2. 초가집에는 어떤 효능이 있을까요? ·················· 77
3. 아궁이와 구들 속에는 어떤 과학이 숨어 있을까요? ········ 80
4. 굴뚝을 왜 처마보다 낮게 설치했을까요? ·················· 85
5. 뒷간 문화 속에는 어떤 지혜가 숨겨져 있을까요? ··········· 88
6. 조상들은 부엌을 어떻게 이용했을까요? ·················· 91
7. 살기 좋은 집은 어떻게 골랐을까요? ·················· 94
8. 지붕에 왜 기와를 이용했을까요? ·················· 97
9. 볏짚 속에는 어떤 과학이 들어 있을까요? ·················· 100

의복에 얽힌 조상들의 지혜

1. 옷감은 어떻게 염색하였을까요? ·················· 106

2. 옷감의 때는 어떻게 뺐을까요? ·········· 111
3. 조상들은 누비옷을 왜 입었을까요? ·········· 115
4. 삼베 속에는 어떤 비밀이 숨어 있을까요? ·········· 119
5. 선비들은 왜 갓을 썼을까요? ·········· 122
6. 한복 속에는 어떤 비밀이 들어 있을까요? ·········· 126
7. 모시는 어떤 비밀을 가지고 있을까요? ·········· 131

넷. 일상생활에 관련된 조상들의 지혜

1. 옻칠 속에 어떤 지혜가 숨어 있을까요? ·········· 136
2. 뚝배기는 어떻게 사용했을까요? ·········· 140
3. 접착제를 어떻게 구했을까요? ·········· 143
4. 솔잎을 왜 음식에 사용했을까요? ·········· 146
5. 눈 녹은 물을 어떻게 이용했을까요? ·········· 149
6. 금줄에는 어떤 지혜가 숨어 있을까요? ·········· 152
7. 옹기는 왜 숨을 쉰다고 했을까요? ·········· 155
8. 죽부인을 어떻게 사용했을까요? ·········· 158
9. 한지는 어떻게 만들어졌을까요? ·········· 160
10. 자염은 어떻게 만들었을까요? ·········· 163
11. 조상들은 왜 물과 관련된 이름을 지었을까요? ··· 166

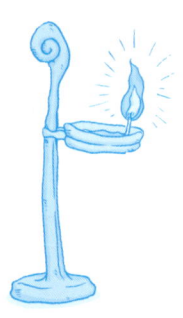

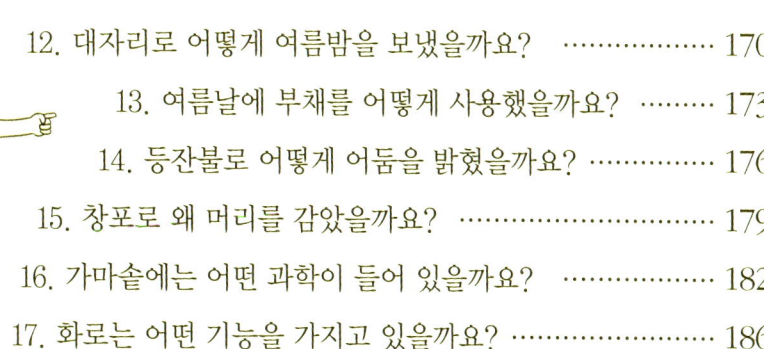

12. 대자리로 어떻게 여름밤을 보냈을까요? ········· 170
13. 여름날에 부채를 어떻게 사용했을까요? ········ 173
14. 등잔불로 어떻게 어둠을 밝혔을까요? ········· 176
15. 창포로 왜 머리를 감았을까요? ············· 179
16. 가마솥에는 어떤 과학이 들어 있을까요? ········ 182
17. 화로는 어떤 기능을 가지고 있을까요? ·········· 186

 문화재와 관련된 조상들의 지혜

1. 포석정에는 어떤 과학이 숨어 있을까요? ········· 190
2. 경판전 속에는 어떤 과학적 원리가 있을까요? ······ 193
3. 에밀레종에는 어떤 과학적 비밀이 있을까요? ······ 197
4. 거북선은 어떻게 만들어졌을까요? ············ 200
5. 국보 31호 첨성대에는 어떤 비밀이 있을까요? ····· 203
6. 불국사에는 어떤 지혜가 담겨져 있을까요? ······· 206
7. 석굴암은 어떤 비밀을 지니고 있을까요? ········ 209
8. 수원 화성은 어떻게 세워졌을까요? ············ 212
9. 거중기는 무엇에 쓰는 물건인가요? ············ 215
10. 고려청자는 어떻게 태어났을까요? ············ 219
찾아보기 ····························· 223

음식에 얽힌 조상들의 지혜

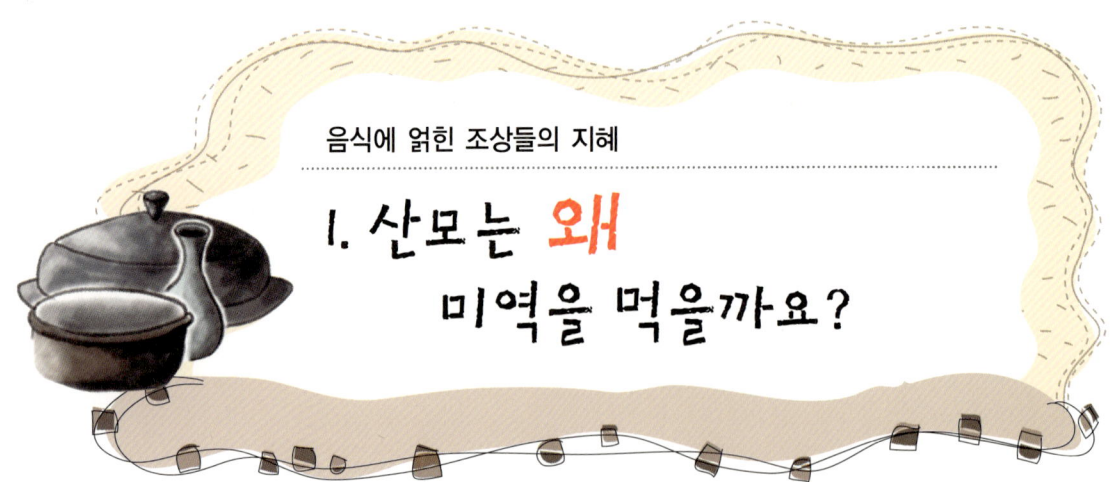

음식에 얽힌 조상들의 지혜

1. 산모는 왜 미역을 먹을까요?

미역은 예로부터 식용으로 널리 이용되었습니다. 요오드와 칼슘의 함유량이 많아 발육이 왕성한 어린이와 산모의 영양식으로도 사용되었으며, 피를 맑게 해 준다고 믿어 왔던 식품이기도 합니다. 옛 문헌에도 미역은 혈관 관련 질병인 성인병과 동맥경화, 고혈압, 심근 경색, 당뇨병, 뇌졸중의 예방과 치료에 아주 좋다고 기록되어 있습니다.

바다에서 나는 해조류와 어패류가 사람들의 건강에 좋다는 것과, 해안가에 사는 사람들이 육지에 사는 사람들보다 대체로 건강하고 수명이 더 길다는 것은 이미 널리 알려진 사실입니다.

우리나라에서 생산되는 해조류 중 가장 많은 것이 미역인데, 고려 때부터 이미 미역을 쌀뜨물에 담가서 짠맛을 빼고 국을 끓여 먹어 온 것으로 전해 내려오고 있습니다.

최근에는 학자들의 연구에 의해 미역, 김, 다시마 등이 질병을 예방하는 억제 효과가 있다고 밝혀지고 있습니다.

　해조류 중에서도 특히 미역과 다시마는 암을 억제하는 물질이 많이 들어 있으므로, 어릴 때부터 먹는 습관을 들여야 합니다.

　미역이나 어패류는 많이 먹어도 살이 찌지 않습니다. 미역의 주성분인 알긴산이라는 물질은 우리 몸 속으로 들어오면 배가 부른 느낌을 주어 음식물을 많이 먹지 않도록 도와주기 때문에 체중을 적당하게 조절할 수 있는 것입니다.

　미역 속에는 단백질이 비교적 많이 들어있는데, 다른 식물성 단백질과는 달리 필수 아미노산을 골고루 함유하고 있어 영양가가 매우 높습니다.

　또 미역의 무기물 함유량은 다른 어떤 식품도 따라오지 못할 정도로 높습니다. 해조류는 바닷물에 녹아 있는 모든 무기물을 흡수하여 축적하는 아주 특수한 성

질을 가지고 있으며, 그 중 미역은 식품 중에서 가장 강한 알칼리성 식품입니다.

따라서 육류, 생선, 달걀 등의 산성 식품을 먹을 때에 미역을 곁들여 먹으면 산성이 중화됩니다.

해조류에는 섬유질이 풍부하게 들어 있습니다. 김에는 29.1%, 톳에는 43.3%가 섬유질이며, 미역과 다시마에는 알긴산이라는 섬유질이 20~30%나 들어 있습니다.

알긴산은 미끈미끈한 성질이 많은데, 우리 몸에 들어오면 위장이나 창자의 운동을 촉진하는 역할을 하는 아주 고마운 성분입니다.

창자의 연동 운동이 활발하게 되면 음식물이 위에서 장으로, 다시 장에서 항문으로 내보내지는 역할이 원활하게 됩니다. 그러므로 미역을 자주 먹는 사람은 변비가 생기지 않습니다.

또한 미역에는 비타민 A, B_1, C와 나이아신이 많이 함유되어 있습니다.

일반 가정에서는 미역국을 끓여 먹는 것이 가장 대표적인 조리 방법인데 미역국을 끓일 때에는 소고기를 넣기도 하고, 담백한 것을 좋아하는 가정에서는 멸치로 국물 맛을 내기도 합니다.

그 밖에 가자미 같이 비린내가 나지 않는 흰살 생선을 넣기도 하고, 닭고기를 넣어 먹기도 합니다.

오래전부터 여인들은 아기를 낳게 되면 미역국을 먹었는데, 미역은 몸 속에 남아 있는 노폐물들을 깨끗하게 몸 밖으로 모두 내보내 주고 피를 맑게 해 주는 역할을 하기 때문입니다.

의학적으로 전혀 그 효능을 인정받지 못하였을 때 조상들은 이미 미역의 역할을 알고

미역

사용하였으니, 우리의 조상들은 세계 어느 민족보다도 지혜롭다고 말할 수 있습니다.

산후에 미역국을 끓여 먹으면 몸에 칼슘과 요오드를 공급할 수 있을 뿐만 아니라, 생리적으로 걸리기 쉬운 변비도 예방할 수 있습니다.

또한 콜레스테롤의 체내 흡수를 방해하며, 농약 등으로 오염된 식품에 든 중금속을 몸 밖으로 배설하도록 도와줍니다.

칼로리가 낮은 식품을 먹어야 하는 비만인에게는 포만감을 주면서도 칼로리가 매우 낮은 해조류가 **식이 요법**에 가장 좋은 재료입니다.

이렇게 훌륭한 식품인 미역을 두부와 함께 슬기롭게 이용해 온 것이 사찰(절) 음식입니다.

옛말에 보약을 먹을 때에는 절대로 미역을 먹지 말라는 말이 있습니다.

미역 속에 들어 있는 알긴산이라는 성분이 부풀어 올라 한약의 보약 성분을 흡수해서 함께 몸 밖으로 내보내어 약의 효과가 떨어지기 때문입니다. 미역의 특징을 쉽게 설명해 주는 말이라고 할 수 있습니다.

이런 뜻이 있어요!

- **식이 요법** : 질병(특히 당뇨병, 위장병, 신장병, 비타민 결핍증, 순환기·호흡기 질환 등)을 적극적으로 치료하기 위해 의사의 지시에 따라 음식물의 품질, 분량 따위를 조절하여 영양을 완전하게 하는 것을 말한다.

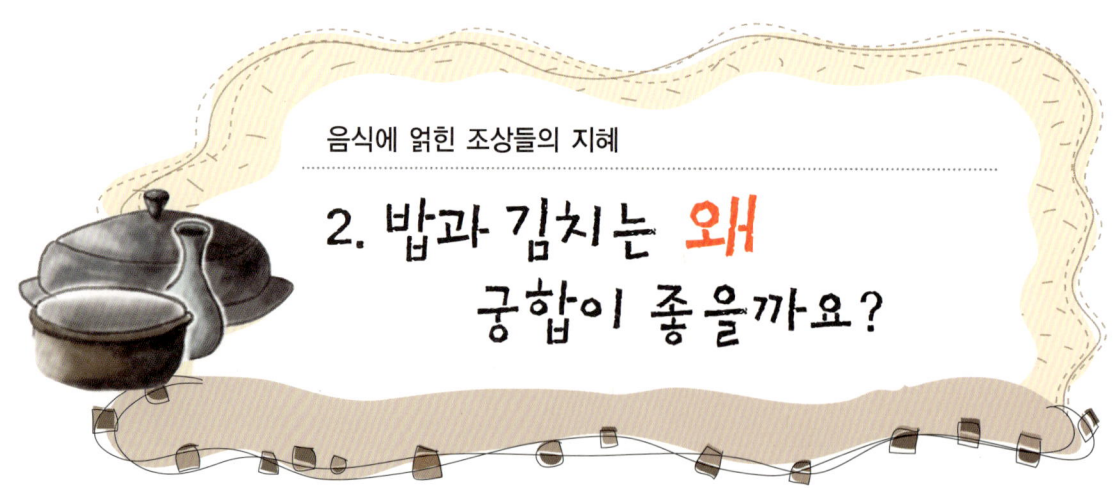

음식에 얽힌 조상들의 지혜

2. 밥과 김치는 왜 궁합이 좋을까요?

김치의 주재료인 배추와 무에는 비타민과 무기염류, 섬유질, 그리고 각종 효소들이 들어 있습니다.

또 양념으로 쓰이는 고추, 마늘, 파, 생강, 양파 등에는 우리 몸의 활력을 북돋아 주는 미네랄이나 비타민 등의 성분이 골고루 갖추어져 있습니다. 여기에 김치로 부족한 단백질은 굴, 새우젓, 멸치젓, 명태, 오징어 등의 젓갈로 보충할 수 있습니다.

특히 고추나 마늘은 김치를 발효시키는 젖산균의 활동을 크게 도와줄 뿐만 아니라 몸에 해로운 병균을 막아 줍니다. 그리고 양념이 가지고 있는 영양분도 건강을 유지하는 데 큰 효과가 있습니다.

고추에는 비타민 C가 가장 많아 사과의 50배, 오렌지 주스의 3배에 이르고, 마늘에는 비타민 E와 활성 비타민 복합제가 많이 들어 있습니다.

이 밖에도 김치에 들어있는 젖산균은 소화를 촉진시켜 주며, 칼슘이나 철분, 인 같은 무기염류는 산성으로 변하는 체질을 막고 혈액 순환과 소화를 촉진시켜 주는 역할을 하는 등 김치는 대표적인 **바이오 식품**이라고 할 수 있습니다.

　김치는 식물성 식품과 동물성 식품이 잘 배합되고, 여기에 몸에 이로운 균과 효소의 활동이 활발할 뿐만 아니라 향기와 맛, 모양이 아주 독특하고 우수해 세계에서 가장 으뜸가는 식품입니다.

　옛날에는 채소류를 싱싱하게 오래 보관할 수 없었기 때문에 소금이나 장류에 절여 짜게 해서 저장하였습니다.

　요즘에는 농사 방법이 발달하여 겨울철에도 온실 속에서 채소 농사를 짓기 때문에 사시사철 언제라도 싱싱한 채소와 과일을 맛볼 수 있지만, 옛날에는 김치를 담그는 것이 가장 효과적인 저장 방법이었습니다.

밥이나 고구마를 먹을 때 김치를 함께 곁들이면 더욱 소화가 잘 된다구!!

벼농사를 지으면서 쌀밥에 김치를 곁들이는 우리 고유의 전통 음식 문화 덕분에 김치의 역사는 4천 년 정도 되었을 것으로 추정하고 있습니다.

특히 16세기경 고추 농사를 시작하며 고춧가루를 넣은 김치를 만들어 먹었는데, 한층 더 좋은 맛과 향을 내며 저장도 더 오래 할 수 있어 우리의 음식 문화가 크게 빛날 수 있었습니다.

조상들은 쌀밥이나 보리밥을 먹을 때 꼭 짠맛을 내는 김치를 먹었는데, 밥의 당분과 어우러지면서 소화제가 생성되어 더욱 맛이 있고 소화도 잘되기 때문입니다.

고구마를 먹을 때에도 김칫독에서 갓 꺼낸 김치를 곁들여 먹었는데, 이것은 김치 속에 있는 유산균이 고구마 속의 탄수화물을 분해하면서 단맛이 생

배추김치 나박김치

겨 더욱 맛이 있고 소화도 돕기 때문입니다.

　돼지고기 보쌈을 먹을 때에도 김치와 함께 먹으면, 체하지도 않고 소화도 잘되기 때문에 조상들은 옛날부터 이들을 함께 먹었습니다.

　김치는 밥을 주식으로 하는 우리의 전통 식단에 꼭 있어야 하는 기본 반찬인 것입니다.

　김치는 소금의 삼투압 작용으로 미생물의 발효가 복합적으로 이루어짐으로써 비로소 숙성됩니다.

　비록 열량이나 단백질 원으로는 부족하지만 김치가 익는 동안에 생성된 젖산균은 장내 부패균의 번식을 억제하는 등 정장 작용을 하며, 우리 몸에 필요한 식염, 칼슘, 칼륨, 철분 등 무기염류를 공급합니다.

　또 고추의 매운 성분인 캡사이신은 젓갈에 함유된 유리 지방산의 산화를 막아 젓갈 특유의 비린내를 없애고 입맛을 돋우는 역할을 합니다.

　이 캡사이신 성분은 비만뿐만 아니라 심장 질환 계통의 병을 유발하는 지방질을 탁월하게 분해하는 일을 합니다.

　그러므로 돼지고기를 먹을 때 김치를 함께 곁들여 먹었던 조상들의 지혜는 현대 과학으로도 놀랄 만한 것입니다.

몸의 신진대사를 도우며 외부 감염에 대하여 저항력을 길러 주는 비타민 C는 김치가 맛 좋게 익었을 때에 가장 많습니다.

즉, 섭씨 5~10℃에서 담근 지 15~20일이 지나면 김치 속에는 비타민 C가 가장 많이 증가하고, 점차 시간이 지나서 시어지게 되면 본래의 30% 밖에 남지 않습니다.

김치는 알칼리성 식품이므로 육류 등 산성 식품을 많이 섭취하는 경우에 일어나는 혈액의 산성화를 예방하는 데 탁월한 효과가 있습니다.

김치 속에 들어 있는 섬유질 성분은 우리 몸 속의 창자 내부를 청소해 주는 역할도 합니다.

이런 뜻이 있어요!

- **바이오 식품** : 21세기 식량난에 대처하고자 미생물이 가진 능력을 이용하여 새로운 물질을 합성하거나 식품의 맛과 질, 영양을 높이고 수확량을 늘리기 위한 연구가 진행되고 있다. 그 결과 자연적으로는 얻을 수 없었던 여러 항생 물질이나 비타민 B_{12}, 비타민 D_2의 합성이 가능해지고 니코틴산 제조법이 개발되었다.

음식에 얽힌 조상들의 지혜

3. 조상들은 물을 어떻게 이용했을까요?

　우리 선조들은 물을 맛, 빛깔, 맑기, 무게 등으로 구분하여 밥을 짓고 차를 끓이고, 약을 달이는 등 그 용도에 따라 구분하여 사용하였습니다.

　율곡 선생은 물맛을 보고 무거운 물과 가벼운 물을 구분했으며, 가벼운 물은 덕 있는 마음을 해친다 하여 무거운 물만 골라 마셨다고 합니다.

　또 물에는 둥근 것과 모난 것이 있어 둥근 물은 술 빚는데 쓰고, 모난 물은 약을 달이는 데 썼다고 합니다. 물의 분자 구조는 육각형으로 모가 났을 때 항암 효과가 크다고 하는 것이 현대 과학의 이론인데, 분자 이론도 없던 그 시절에 이미 모난 물을 알아낼 수 있었다니 정말 놀라운 일입니다.

　옛날 서울 사람들은 개울물과 한강 물을 먹는 물로 삼았는데 풍수상 주산(도읍, 집터, 무덤 따위의 뒤쪽에 있는 산)인 북악산을 중심으로 오른쪽에 있는 인왕산 줄기에서 흐르는 개울물을 '백호수', 왼쪽에 있는 삼청동 뒷산에서 흐르는 개울물을 '청룡수', 남산에서 흐르는 물을 '주작수'라 하여 그 수

질을 가려 마셨습니다.

　한강 물의 가운데 원류인 오대산에서 흐르는 물줄기만을 일컬어 '우중수'라 하였는데, 이 물로 약을 달이면 효험이 크고, 술을 빚으면 술맛이 좋다 하여 다른 곳에서 떠다 파는 물보다 세 배나 비쌌다고 합니다. 같은 물 흐름인데 그 위치에 따라 수질이 다르다 하여 골라 마셨던 것을 보면, 조상들은 참으로 섬세한 감각을 가졌다고 할 수 있습니다. 집에서는 장독대 외에 물독대를 따로 두어 사시사철 내리는 빗물을 받아 두었다가 용도에 맞게 쓰기도 했습니다. 이를테면 입춘(봄의 시작) 전후에 받아 둔 빗물을 '입춘수'라 하여 이 물로 술을 빚어 마시면 아들을 낳고 싶어하는 서방님의 기운을 왕성하게

　해 준다고 믿었습니다. 가을 풀숲에 맺힌 이슬을 모은 물은 '추로수'라 하여, 이 물로 엿을 고아 먹으면 백 가지 병을 예방할 수 있다고 믿었습니다.
　또한 이른 새벽 여러 꽃에 맺힌 이슬을 모아 얼굴을 씻으면, 기미도 없어지고 혈색도 좋아지며 살결까지 부드러워진다고 믿었습니다.
　8월 초하룻날 오색 주머니에 떡갈잎의 이슬을 모아 눈을 씻으면, 눈이 밝아진다는 세시 풍속도 보편화되어 있었습니다. 이처럼 물을 얻는 때와 장소에 따라 그 용도를 구분하고, 건강에 미치는 효과까지 분별할 줄 알았던 우리 조상이야말로 세계에서 가장 깊고 오묘한 물 문화를 누리고 발전시킨 겨레라 할 수 있습니다.

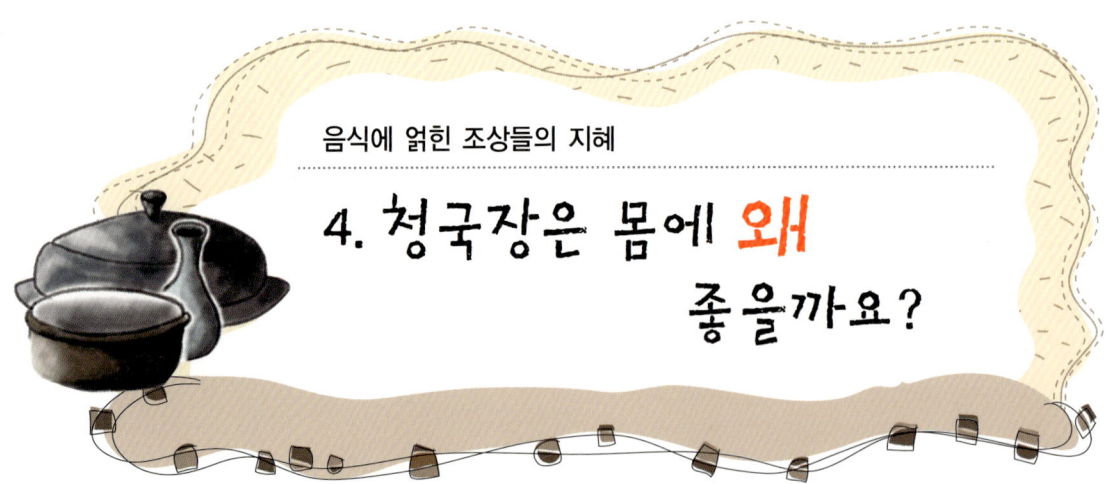

음식에 얽힌 조상들의 지혜

4. 청국장은 몸에 왜 좋을까요?

무르게 익힌 콩을 뜨거운 곳에서 **고초균**이 생기도록 띄워 만든 청국장은 영양분이 많고 소화가 잘 되는 식품입니다.

청국장은 콩을 원료로 한 우리나라의 대표적인 발효 식품으로 간장, 된장, 고추장 등과 함께 전통 장류에 속합니다. 그 중 청국장은 된장보다 콩 단백질과 지방질 함유량이 많고 소화 흡수율이 높습니다. 또한 발효 과정에서 강력한 소화 효소 등이 만들어져 삶은 콩의 소화율이 50~70% 정도인데 반하여, 청국장은 90~92%나 되어 소화 및 흡수를 돕는 소화제 역할도 합니다.

한편 청국장에는 칼슘과 비타민도 많이 함유되어 있습니다. 성인이 하루에 필요로 하는 칼슘의 양은 700mg 정도인데, 청국장 100g에는 칼슘이

이런 뜻이 있어요!

• **고초균** : 아포를 형성하여 저항력이 강하며, 글리코겐을 함유하고 탄수화물을 분해하여 산을 생산한다.

106mg이나 들어 있습니다.

청국장에는 많은 양의 식물성 단백질이 포함되어 있어, 청국장을 먹게 되면 많은 양의 칼슘을 효율적으로 섭취할 수 있습니다.

청국장 속의 고초균은 발효될 때 다양한 비타민 K군을 만들어 내므로, 칼슘이 뼈에 흡수되는 것을 도와줍니다.

청국장 속의 철분과 비타민 B_{12}는 위궤양이나 십이지장 궤양 등으로 인한 빈혈 치료에도 많은 도움이 됩니다. 청국장의 특수 성분은 성장기 어린이 두뇌 세포의 발달에 도움을 주며, 노인성 치매의 예방과 치료용으로 좋다는 보고도 있습니다. 또한 레시틴은 변비, 숙변, 흑변이 생기는 것을 막아 여드름이나 주근깨 등을 예방하고, 부드러운 피부를 유지시켜 줍니다.

청국장은 간을 보호하는 효과도 있습니다. 청국장 균인 고초균에는 알코올

청국장

대사를 촉진하는 성분이 있어 술을 마시고 난 후 몸 속에 생기는 독성이 핏속에 쌓이는 것을 억제하는 역할을 합니다. 또 발효 과정에서 비타민 B가 삶은 콩보다 3~4배 증가하여 간을 보호해 주기 때문에 음주 후의 해장국으로도 아주 좋습니다. 청국장은 콩이나 된장처럼 항암 효과가 있는데, 청국장의 활성 물질은 열에 파괴되지 않고 인체 암세포의 성장을 억제하는 등 암 예방 효과가 있습니다.

발효된 청국장을 떠 보면 끈끈한 실이 딸려 올라오는 것을 볼 수 있습니다. 이 물질은 당뇨병의 예방과 치료에 도움을 줄 뿐만 아니라, 골다공증 등과 같은 질병을 예방하는 효과도 있습니다.

음식에 얽힌 조상들의 지혜

5. 된장은 어떤 효능을 가지고 있을까요?

된장은 메주콩을 삶고 찧어서 메주를 만들어 발효시킨 후 소금물에 넣어 두 달 정도 익혔다가 먹는 우리 고유의 식품입니다.

우리들이 자주 먹는 된장을 발효 식품이라 하는데, 대표적인 발효 식품으로는 간장, 된장, 고추장, 청국장, 김치, 젓갈, 감주(식혜) 등이 있으며 미생물의 발효 작용을 이용하여 효모 등이 많이 들어 있는 것을 말합니다.

된장 속에 들어 있는 효모는 사람들의 창자 안에 유익한 미생물을 번식시켜 장을 깨끗하게 하고, 새로운 영양 성분을 합성하는 작용을 합니다.

된장 속에 들어 있는 효모인 '메티오닌'은 간장을 보호하고 해독 작용을 한다고 알려졌으며, '지비코린산'은 방사능 물질을 흡수하여 체외로 배출시킵니다.

그러므로 우리가 즐겨 먹는 된장국은 위암을 비롯한 위궤양, 심장병 등의 예방 및 치료 효과가 있습니다.

된장을 자주 먹는 사람은 먹지 않는 사람에 비하여 위암 발생률이 4배나 감소하며, 특히 된장을 자주 먹으면 술독과 담배의 니코틴 독을 푸는 해독 작용에 큰 효과를 볼 수 있습니다.

된장이 니코틴의 독을 푼다는 것은 지난날 할아버지들이 긴 담뱃대가 있을 때 하시던 일을 생각해 보면 쉽게 이해가 됩니다.

담뱃대가 담뱃진 때문에 막혀서 지푸라기나 종이 심지로 청소를 해도 깨끗해지지 않을 경우에, 된장 끓인 물을 담뱃대에 부으면 신기하게도 담뱃대 안의 담뱃진, 즉 니코틴이 말끔하게 녹아 담뱃대 밖으로 빠져 나가는 것을 볼 수 있습니다.

이처럼 조상들은 니코틴이 된장에 분해된다는 것을 이미 알고, 이를 실생활에 사용하였던 것입니다.

된장에는 수분, 단백질, 지방, 탄수화물, 회분, 그 밖에 비타민 B_1, B_2 등의 성분이 들어 있습니다.

된장

이처럼 몸에 좋고 건강에 유익한 된장이나 고추장, 청국장 등을 만들 줄도 모르고 또 냄새가 난다고 하여 기피하는 경우가 있는데, 매우 안타깝습니다.

메주에 소금물을 넣어 우려낸 물을 간장이라 하고, 메주를 건져서 항아리에 넣어 숙성시킨 것을 된장이라 합니다. 그리고 메줏가루와 고춧가루에 찹쌀가루나 밀가루를 넣어 섞어 만든 것을 고추장이라 합니다. 이들은 모두 우리의 밥상에 매일 오르고 있는 식품입니다. 이 발효 식품들은 암이나 고혈압, 당뇨병, 심장병 같은 질병을 막는 데 좋습니다.

우리의 건강에 유익한 콩으로 만든 발효 식품인 간장, 된장, 고추장이 세계적인 건강 식품으로 자리를 잡아 그 이름을 날리고 있으니, 우리 조상들의 슬기가 새삼 놀랍기만 합니다.

콩이야말로 우리 인간에게 매우 유익한 곡식이라 할 수 있습니다. 전통 음식인 된장이나 간장, 청국장 등은 집에서 직접 만들어 먹었으면 좋겠습니다.

그런데 요즘에는 일부 젊은 주부들이 이와 같은 전통 음식을 제대로 인식하지 못하고 편하게만 살고자 일본에서 수입한 된장과 간장을 구입해서 먹는다고 하니, 장의 종주국인 선조들께서 지하에서 한탄하고 계실지도 모릅니다. 다시 한번 생각해 보아야 합니다.

음식에 얽힌 조상들의 지혜

6. 고추장은 어떻게 만들어졌을까요?

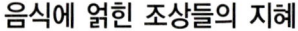

　고추장은 고추가 들어온 16세기 이후에 개발된 장류로서, 조선 후기 이후 식생활 양식에 큰 변화를 가져 왔습니다.

　고추는 임진왜란을 전후로 하여 일본에서 우리나라로 전래되었다고 전해집니다. 따라서 초기에는 '왜개자'라 불리었으며, 귀한 식품이라 하여 '번초', '약초'로 불리기도 했습니다.

　'고추'라는 이름은 후추와 비슷하고 맵다하여 '매운 후추'라는 의미에서 붙여진 것입니다. 초기에는 고추 그 자체를 술안주로 사용하였고, 17세기 후반에 이르러서는 고추를 가루로 내어 그동안 사용했던 향신료(양념)인 후추와 같이 사용했습니다.

　그러다 점차 고추 재배가 보급되면서 종래의 된장과 간장 겸용 장에 매운 맛을 첨가시킨 고추장 담금으로 발달하였습니다.

　고추장을 담그는 방법에 대한 최초의 기록은 조선 중기의 《증보산림경

임진왜란을 전후로 일본에서 전해진 '고추'는 '매운 후추'라는 의미에서 붙인 이름이래! 이름 한번 잘 지었지? 역시 조상들의 지혜는 끝이 없다니까!

빨간색 채소는 뭔가?

이봐~! 이게 바로 '고추'라는 것이네.

제》라는 책에 잘 나타나 있습니다.

막장과 같은 형태의 장으로, 여기에는 고추장의 맛을 좋게 하기 위해 말린 다시마 등을 첨가한 기록이 있습니다.

영조 때 이표가 쓴 《수문사설》에는 유명한 순창 고추장 제조법이 실려 있습니다. 전복과 새우 또는 홍합, 생강 등을 넣어 다른 지방과는 다른 특이한 방법으로 담갔으며, 이는 영양학적으로도 우수하였음을 알 수 있습니다. 때문에 오래 전부터 임금님께 진상하였다고 합니다.

순창 고추장은 똑같은 재료를 가지고 똑같은 사람이 똑같은 방법으로 만들더라도, 다른 지방에 가서 만들면 순창의 그 맛과 향기가 나지 않는다고

합니다. 순창 고추장의 맛은 오염되지 않은 순창의 물맛과 기후와의 조화에서 나오기 때문일지도 모릅니다.

　소금 대신 **청장**으로 간을 맞추는 것은 보다 질이 좋은 고추장을 만드는 방법이라 할 수 있습니다.

　그러나 점차적으로 고춧가루의 사용량이 늘어나, 현재는 소금물로 간을 맞추는 방법이 주류를 이루고 있습니다.

고추장

이런 뜻이 있어요!

- **막장** : 허드레로 먹기 위해 간단하게 담은 된장을 말한다.
- **청장** : 진하지 않은 간장을 말한다.

역시 고추장은 순창이야~!

성은이 망극하옵니다~

음식에 얽힌 조상들의 지혜

7. 삼계탕에는 어떤 영양가가 있을까요?

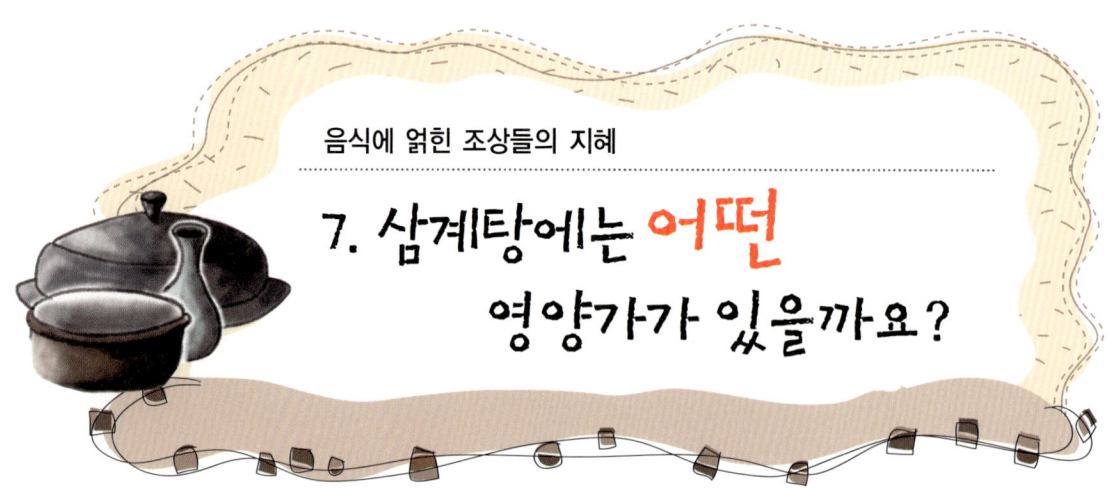

삼계탕은 어린 닭의 내장을 뺀 후 인삼과 마늘, 대추, 찹쌀 등을 넣고 물을 부어 푹 고아서 만든 음식으로, 계삼탕이라고도 합니다.

여름철의 대표적인 보양 음식이며, 우리나라를 찾는 외국인들이 손꼽는 한국 음식 중 하나입니다.

원래는 병아리보다 조금 큰 닭을 백숙으로 고아서 '영계백숙'이라 하였는데 인삼을 넣어 계삼탕이라 불렸으며, 지금은 삼계탕으로 명칭이 굳어졌습니다.

고기는 질이 쫄깃쫄깃하고 지방이 적어 맛이 매우 담백합니다. 삼계탕에 첨가되는 인삼은 심장 기능을 강화하고, 마늘은 강장제 구실을 합니다. 또한 밤과 대추는 위를 보호하면서 빈혈을 예방하고, 호박씨는 호르몬을 원활하게 배출하면서 기생충을 예방하는 효과가 있습니다.

잘 끓여 놓은 삼계탕은 맛이 부드럽고, 쫄깃한 살결에 각종 약재의 은은한 향이 배어 입맛을 살려내기에 충분합니다.

《서울잡학사전》에는 '삼계탕은 식욕을 돋우고 보양을 하기 위해 암탉에다 인삼을 넣고 흠씬 고아 먹는 것'이라 기록되어 있습니다.

삼계탕

삼계탕을 끓일 때에는 한 사람이 혼자 먹기에 알맞은 작은 크기의 닭을 센불에 끓이다가 약한 불로 1시간쯤 푹 고아야 하는데, 인삼이나 황기의 성분이 닭의 여러 성분과 어울려 충분히 우러나고 찹쌀이 무르며 국물이 알맞게 졸았을 때 불을 끕니다.

끓일 때 들어가는 재료도 중요하지만, 돌솥이나 뚝배기에 뜨겁게 끓여 내는 것이 중요합니다. 보통은 흰살 닭을 이용해 삼계탕을 만드는데, 이것보다는 **오골계**로 만든 것을 더욱 귀하게 여깁니다.

《동의보감》에 따르면 오골계는 풍을 예방하고 여성의 산후 조리에 좋으며, 늑막염과 노이로제 치료에 도움이 됩니다.

 이런 뜻이 있어요!

• **오골계** : 동남아시아 원산인 닭의 한 품종으로, 가죽·살·뼈가 모두 검은 빛깔이다. 민간에서는 풍병, 습증, 허약증 등에 약으로 사용하였다.

음식에 얽힌 조상들의 지혜

8. 막걸리를 어떻게 먹게 되었을까요?

막걸리는 이름이 많습니다. 색깔이 희다 해서 '백주', 탁하다 하여 '탁주', 집집마다 담가 먹지 않는 집이 없다고 해서 '가주'로 불리기도 하며, 농사지을 때 먹는다 하여 '농주'로 불리기도 합니다.

또한 제사를 지낼 때 제사상에 올린다 해서 '제주'라 부르기도 하고, 백성이 가장 많이 즐겨 마시는 술이라 해서 '향주'로, 나라를 대표하는 술이라 해서 '국주'라고도 하였는데 실로 그 이름이 대단히 많습니다.

막걸리가 한국 사람들의 체질에 가장 알맞은 술이라는 것을 부인하는 사람은 없습니다.

조선조 중엽 때 어느 지위 높은 판서가 있었는데, 그는 집에 좋은 소주가 항상 많은데도 굳이 막걸리만 찾아 마셨습니다. 그래서 아들이 그 이유를 물었습니다.

이에 판서는 소의 쓸개 세 개를 마련하여 담즙을 모두 쏟아 버리고, 그 쓸

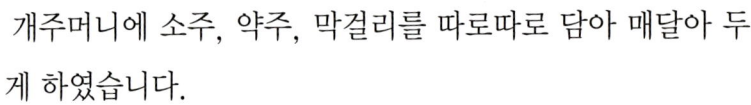

개주머니에 소주, 약주, 막걸리를 따로따로 담아 매달아 두게 하였습니다.

　며칠 후 열어 보니 소주 쓸개는 구멍이 송송 나고 약주 쓸개도 변했는데, 막걸리를 담은 쓸개만이 오히려 두터워지고 있었습니다.

이처럼 막걸리는 다섯 가지 덕이 있는 술입니다. 허기를 면해 주는 덕이 있고, 취기가 심하지 않은 덕이 있으며, 추위를 덜어 주는 덕이 있고, 일하기 좋게 하는 기운을 돋워 주는 덕이 있으며, 평소에 하기 어려운 말을 하게 하여 의사를 소통시키는 덕이 있습니다. 또한 맛도 좋고 실생활에 유익합니다.

음식에 얽힌 조상들의 지혜

9. 추어탕에 산초를 왜 넣었을까요?

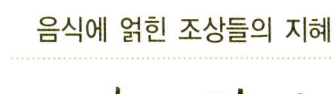

늦여름, 더위에 시달린 몸에 원기를 불어 넣는 보신 식품으로는 추어탕이 제격입니다.

예로부터 자양·강장 식품으로 알려진 미꾸라지는 위를 튼튼하게 하고, 황달을 낫게 하는 것으로 알려져 있습니다.

또한 콩팥을 보호하여 성 기능 장애 및 오줌을 누는 데 아주 좋습니다.

미꾸라지를 두부와 함께 삶아 먹으면, 습하고 황달이 있으며 오줌이 잘 나오지 않는 데 좋습니다.

미꾸라지는 양기 부족에도 탁월한 효능이 있으며, 오장을 튼튼하게 하고 소화에 도움을 주며, 설사를 멈추게 하는 무독성 식품입니다. 또 성분을 보면 질 좋은 단백질과 불포화 지방산 등 다른 동물성 식품에서는 찾아보기 힘든 비타민 A가 많이 포함되어 있으며, 다른 비타민이나 **미네랄**이 골고루 함유되어 있어 영양소의 보고라 할 수 있습니다.

미꾸라지를 요리할 때에는 알이 들어 있는 여름철의 것이 가장 좋은데, 미꾸라지에 있는 비타민 B_1을 분해하는 성분은 열을 가하면 없어지므로 반드시 끓여 먹어야 합니다.

표피의 미끄러운 끈적끈적한 물질은 세균이 번식하기 쉬우므로 소금으로 씻어 낸 다음 조리해야 하고, 구워 먹는 방법만으로는 세균이나 오염 물질이 제거되지 않기 때문에 삼가야 합니다.

추어탕과 궁합이 잘 맞는 산초는 비교적 낮은 야산에서 자생하는 낙엽 관목으로, 한방에서는 산초 열매의 껍질을 약재로 사용합니다.

속을 덥게 하고 통증을 가라앉히며 살충 효과가 있어 소화 불량이나 구토, 이질, 설사, 회충 구제 등에 폭넓게 사용됩니다. 또한 습기를 제거하는 작용이 있어 피부 습진으로 인한 가려움에 사용하기도 합니다.

추어탕은 미꾸라지의 내장과 뼈까지 모두 사용하기 때문에 그 냄새를 없애주고, 칼칼한 맛을 내주는 산초가 꼭 필요합니다.

추어탕

향신료인 산초는 일종의 내장 자극제로, 위를 튼튼하게 하고 장을 치료하는 약으로도 이용됩니다.

산초의 매운맛을 내는 산시올이라고 하는 성분은 살충 효과가 있어 벌레와 생선의 독을 제거하기도 합니다. 또한 보온 효과가 있어 몸이 찬 사람에게 좋으며, 창자에 차 있는 가스를 밖으로 배출하는 작용도 합니다.

이런 뜻이 있어요!

- **미네랄** : 미네랄은 무기염류라고도 하는데 생물체를 구성하는 원소 중에서 탄소와 수소, 그리고 산소와 함께 생물체를 구성하고 있는 중요한 요소이다. 단백질, 지방, 탄수화물, 비타민과 함께 5대 영양소에 속한다.

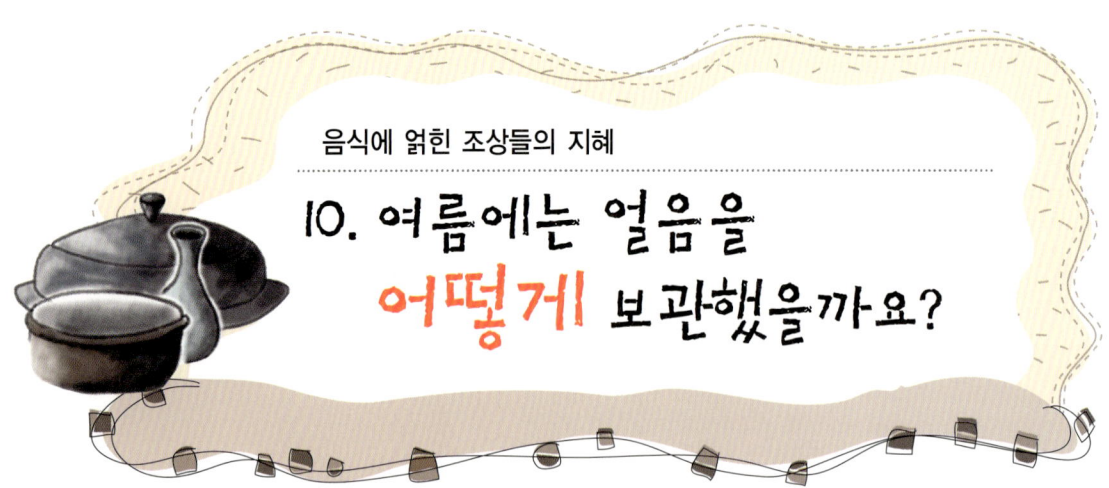

음식에 얽힌 조상들의 지혜

10. 여름에는 얼음을 어떻게 보관했을까요?

냉장고가 없던 옛날에 한강의 얼음은 여름을 보내는 데 매우 귀중한 것이었습니다.

《삼국사기》에는 신라 유리왕 때에 얼음을 사용하였다는 기록이 있습니다.

조선 시대에는 얼음 창고를 한성의 두 곳에 설치하였다는 기록이 《동국여지승람》에 있습니다. 이 기록에 의하면 한강 하류인 지금의 옥수동에 동빙고가 설치되어 제사용 얼음을 주로 저장하였고, 지금의 서빙고도 설치하였습니다.

궁중에는 따로 얼음 창고를 마련하였는데, 이것을 내빙고라 하였습니다. 처음에 빙고는 산기슭에 땅을 파고 목재로 빙실을 만들어 썼는데, 매년 얼음을 저장할 때마다 얼음 창고를 손질해야 하고 얼음도 빨리 녹아서 효과적이지 못했습니다.

따라서 이를 개선하기 위하여 세종 2년에 동·서빙고를 석실로 개조하였는데, 이 형식은 경주 반월성에 있는 석빙고와 같은 방법이었습니다.

옥천 죽향리 얼음 창고

얼음을 채취하는 시기는 물이 약 10cm쯤 얼었을 때였고, 한강에 나와 톱으로 얼음을 잘라서 저장하였습니다.

보관된 얼음은 한여름에 궁중과 고급 관리들에게 나누어 주었는데, 특히 궁중에서는 5~9월까지 얼음이 떨어져서는 안 되었습니다. 당시의 얼음은 주로 궁중에서 제사나 주요 행사 등에 사용하였으며, 일반 서민들은 구경조차 할 수 없었습니다.

조선 시대에 얼음을 채취하여 보관하는 것은 조정 관리들이 하는 일 가운데 중요한 일거리였습니다.

조선 초기에는 예조 산하에 빙고라는 관청을 두어, 얼음을 채취하고 보관하는 일을 맡도록 하였습니다. 빙고에서 얼음을 채취하는 사람들을 빙부라 했으며, 그들에게 **녹봉**으로 지급된 논밭을 빙전이라 하였습니다.

그 당시에는 얼음을 채취하는 일도 하나의 당당한 직업이었던 것입니다. 그러나 이 빙고 제도는 고종 3년에 폐지되었습니다. 옛날에도 오늘날과 같이 장마가 심하기도 하고, 또 겨울에 날씨가 온난하여 한강이 얼지 않으면 한강이 얼기를 바라는 시한제라는 제사까지 지냈다고 합니다.

조선 시대의 실학자 정약용이 얼음을 보관할 때 사용하던 솔가지나 볏짚 대신에 왕겨를 단열재로 덮는 방법을 개발하였기 때문에 얼음을 오랫동안 보관하여 사용하는 것이 일반화될 수 있었던 것입니다.

이런 뜻이 있어요!

• **녹봉** : 중앙 부서의 관원에게 일 년 또는 계절 단위로 나누어 주던 금품을 통틀어 이르는 말이다.

음식에 얽힌 조상들의 지혜

11. 메밀과 무를 왜 함께 먹었을까요?

메밀은 고소한 맛이 있는 반면에 계속해서 먹으면 몸을 삭히는 작용을 한다고 합니다.

그래서 중국 사람들은 우리나라 사람들이 메밀을 계속 먹으면 몸이 삭고 부실해져서, 결국 우리나라를 차지할 수 있을 것이라 생각하기에 이르렀습니다.

얼마 후 메밀은 우리나라에 들어왔고, 우리 입맛에 맞는 음식이어서 사람들은 메밀을 좋아하게 되었습니다.

이 사실을 안 중국 사람들은 기쁨에 들떠 우리나라 사람들의 몸이 빨리 삭기만을 기다렸습니다.

하지만 일 년, 이 년, 몇 해가 지나도 우리나라 사람들의 몸이 부실해지기는커녕 오히려 더욱 튼튼해지는 것을 알게 되었습니다.

중국인들은 우리나라 사람들이 메밀을 먹을 때 반드시 무를 같이 먹는다는 사실을 알게 되었고, 그제야 중국 사람들은 우리 조상들의 지혜에 그만 고개를 숙이고 말았습니다.

메밀은 몸을 삭히는 기능이 있지만, 여기에 무가 같이 들어가면 몸이 더욱 맑아져서 상승 작용이 일어나는 것을 우리 조상들은 알고 있었던 것입니다.

조상들은 먹거리 하나하나마다 숨어 있는 효능을 모두 알고 있었으며, 다른 나라에서 들어온 음식도 우리 것으로 발전시킬 수 있을 정도로 지혜로웠습니다.

메밀은 예로부터 가뭄이 심할 때 끼니를 연명하기 위해 먹던 대표적인 **구황 작물**입니다.

메밀국수

장수 나라인 일본인들도 메밀국수인 '소바'를 즐겨 먹는데, 메밀은 단백질과 지방이 풍부하여 영양식으로 제격입니다.

특히 메밀에는 다른 곡류에는 부족한 필수 아미노산이 많이 들어 있고, 섬유질이 많아 장운동을 촉진하여 변비가 있는 사람에게 매우 좋습니다.

메밀에는 비타민 B_1, B_2, D, E, 인 등이 많은데 그 중에서도 '루틴'이라는 성분은 혈관을 튼튼하게 해 줄 뿐만 아니라, 신진대사를 활발하게 해 주어 혈압을 안정시키는 데 효능이 탁월합니다.

일반적으로 메밀가루는 색이 검을수록 영양가가 높고, 변비를 예방하는 효과도 뛰어나다고 하는데 바로 메밀의 검은 겉껍질이 배설을 원활하게 하고 이뇨 작용을 돕기 때문입니다.

메밀은 특히 다이어트를 하는 사람들에게 권장할 만한 식품입니다. 보통 식사는 한 끼당 700~800kcal인데 반해, 메밀국수는 그 절반에도 못 미치는 300kcal 정도입니다.

그렇기 때문에 절식이 요구되는 당뇨병 환자의 식단으로도 안성맞춤입니다.

메밀은 국수나 묵의 재료로도 많이 쓰이는데, 특히 고혈압 환자에게 권장할 만한 메밀차는 메밀가루에 끓는 물을 넣어 잘 갠 뒤 꿀이나 유자 껍질, 레몬 등을 첨가해 먹으면 한결 산뜻한 맛을 느낄 수 있습니다.

 이런 뜻이 있어요!

• **구황 작물** : 가뭄이나 장마에 영향을 받지 않고 가꿀 수 있는 작물로 감자, 메밀 따위가 있다.

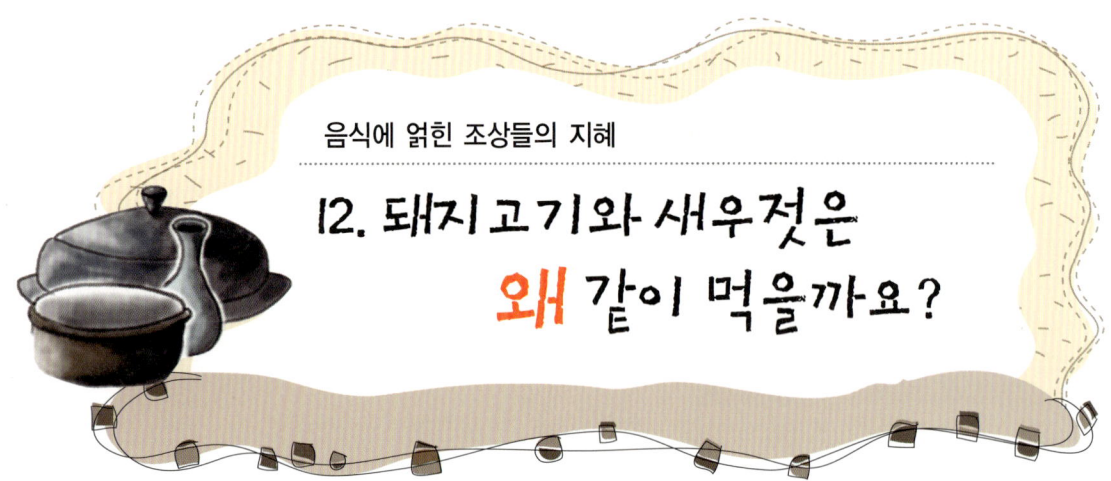

음식에 얽힌 조상들의 지혜

12. 돼지고기와 새우젓은 왜 같이 먹을까요?

삶은 돼지고기를 가장 맛있게 먹는 방법은 새우젓에 찍어 먹는 것입니다. 기름진 돼지고기에 짭짤한 새우젓을 곁들이면, 고기의 맛이 좋을 뿐만 아니라 소화도 잘 됩니다.

세계적으로 유명한 중국 요리에 사용되는 육류는 대부분 돼지고기인데, 이는 맛이 좋고 영양가도 뛰어나기 때문입니다.

돼지고기의 단백질을 구성하고 있는 아미노산은 정상적인 성장과 건강 유지에 필요한 필수 아미노산을 골고루 가지고 있어 영양가가 매우 높습니다.

돼지고기는 다른 고기보다 질 좋은 지방을 많이 가지고 있는데, 소고기의 지방과는 그 성질이 다릅니다.

쇠기름의 녹는 온도가 40~50℃ 정도인 반면, 돼지기름은 33~46℃ 정도면 녹습니다.

기름은 일반적으로 낮은 온도에서 녹을수록 소화 흡수가 잘 되는데, 특히

돼지고기(보쌈)

돼지고기의 비타민 B 함량은 소고기보다 10배나 더 높습니다.

　이러한 특성을 가진 돼지고기는 옛날부터 쌀이나 보리 등 곡류 위주의 식생활로 담백한 맛에 익숙해진 한국인에게는 다소 부담을 주는 식품이었습니다.

　담백한 음식을 주로 먹는 사람은 기름진 돼지고기를 먹으면 소화가 잘 되지 않습니다.

　이에 우리 조상들이 돼지고기에 가장 잘 어울리는 조미료로 선택한 것이 새우젓입니다. 새우젓은 발효되는 동안에 많은 양의 **프로테아제**가 생성되어 소화제 구실을 합니다.

　지방 분해 효소의 힘이 부족하면 지방이 분해되지 못해 설사를 일으키게 되는데, 새우젓에는 강력한 지방 분해 효소제가 들어 있기 때문에 기름진 돼지고기의 소화를 크게 도와줍니다.

　그러므로 돼지고기에 새우젓을 찍어 먹는 것은 맛의 조화와 소화력을 증진시키는 매우 합리적인 음식의 배합입니다.

이런 뜻이 있어요!

• **프로테아제** : 단백질 분해 효소를 통틀어 이르는 말이다.

음식에 얽힌 조상들의 지혜

13. 기침이 심할 때에는 왜 무즙을 먹을까요?

무에는 **디아스타아제**란 소화 효소가 함유되어 있어 소화가 잘 됩니다. 또한 점막의 병을 고치는 성질이 있어 가래와 기침을 멎게 하는 작용을 합니다. 그래서 가래가 끊이지 않고 기침이 자주 나올 때에 무를 자주 먹어야 합니다. 흔히 무즙을 낼 때 껍질을 벗기는데, 이는 아주 잘못된 방법입니다. 껍질에는 효소와 비타민 C가 많기 때문입니다.

신기하게도 무는 가는 속도에 따라 빨리 갈면 매워지고, 천천히 갈면 단맛이 납니다. 그래서 될 수 있는 대로 껍질째 천천히 갈아 단맛이 나게 만들어 즙을 먹는 것이 가래와 기침 해소에 도움이 됩니다.

무청(무의 잎과 줄기)은 예로부터 야채 중에서 제일로

> 무는 껍질째 천천히 갈아주세요. 그래야 단맛이 나고 가래와 기침 해소에 도움이 되니까요.

손꼽혔는데, 칼슘 함유량이 야채 중 가장 높을 뿐만 아니라, 비타민 C가 오렌지나 토마토보다 3배나 더 많이 들어 있습니다. 그러므로 무청을 먹게 되면 감기 예방도 하고, 꽃샘추위도 막아낼 수가 있습니다.

　무즙을 낼 때나 무청으로 생즙을 낼 때, 당근을 갈아서 조금 넣게 되면 먹기가 한결 수월합니다.

　당근을 넣고 같이 갈 때에는 식초를 조금 넣어주어야 합니다. 당근 속에는 무청이나 무가 갖고 있는 비타민 C를 파괴하는 효소가 들어 있어서 식초를 조금 떨어뜨려야 비타민 C를 보호할 수 있기 때문입니다.

 이런 뜻이 있어요!

- 디아스타아제 : 녹말의 소화제이며, 소화 불량과 식욕 부진에 이용된다.

음식에 얽힌 조상들의 지혜

14. 장어와 복숭아는 왜 같이 안 먹을까요?

예로부터 보신 식품으로 알려져 있는 것이 많은데, 그 중의 하나가 장어입니다. 장어에는 지방과 단백질이 많이 들어 있어 산화 작용을 억제하고 혈관에 활력을 줄 뿐만 아니라, 피부가 거칠어지는 것을 예방하고 노화 방지에도 효과가 큽니다.

장어의 지방에는 지방산이 많아 순환기 질환의 한 원인이 되는 혈전 생성을 억제하는 작용을 합니다.

장어의 단백질에는 필수 아미노산이 골고루 들어 있어 그 영양가가 매우 높은데, 만일 필수 아미노산이 충분히 공급되지 않으면 세포 합성이 제대로 되지 않고 항체 형성도 지장을 받아 건강을 유지하기가 어렵습니다.

복숭아는 과육이 부드러워 장기간 저장이나 장거리 수송에 어려움이 많습니다. 복숭아에는 포도당과 과당 등 당분이 들어 있고, 신맛을 내는 사과산과 구연산도 들어 있습니다.

복숭아

아무리 영양가가 높은 식품이라도 서로의 궁합이 맞지 않으면 오히려 해가 됩니다. 대표적인 예로 장어와 복숭아를 들 수 있습니다.

고기와 생선 요리를 먹고 난 후에는 후식으로 흔히 과일을 먹습니다. 그러나 장어를 먹은 후 복숭아를 먹으면 설사가 나기 쉬운데, 그 이유는 장어의 지방 소화에 이상이 생기기 때문입니다. 그래서 복숭아와 장어는 상극이라는 말이 오래전부터 전해 내려오고 있는 것입니다.

지방은 당질이나 단백질에 비해 위에 머무는 시간이 길고 소장에서 소화 효소인 리파아제의 작용을 받아 소화되는데, 복숭아에 함유된 유기산은 위에서 변하지 않습니다.

그러므로 새콤한 유기산은 장에 자극을 주어 지방이 소화되는 것을 방해하므로 설사를 일으키기도 합니다.

아무리 영양가가 높은 식품이라도 설사를 일으킨다면 오히려 역효과를 가져오게 되므로, 올바른 섭취 방법이 필요합니다.

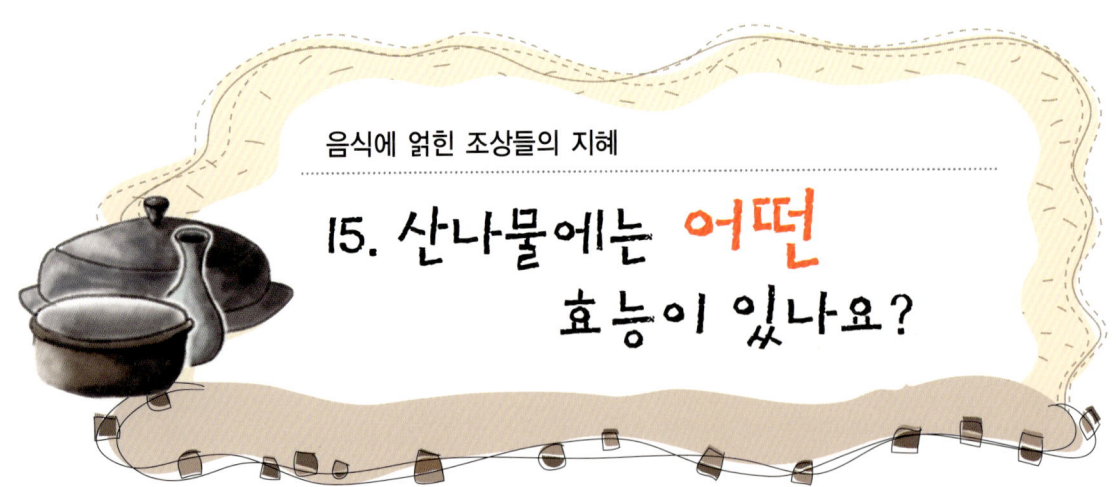

음식에 얽힌 조상들의 지혜

15. 산나물에는 어떤 효능이 있나요?

　　조상들은 오래전부터 산나물을 먹어 왔습니다. 재배한 채소는 뜯으면 곧 시들어 버리지만, 산나물은 재배 채소보다 훨씬 긴 생명력을 가져 오랫동안 싱싱함을 유지합니다.

　야생 동물들은 병에 걸리거나 상처를 입게 되면 산에서 풀을 뜯어 먹거나 잎사귀에 몸을 문지르는 등의 자가 처방으로 건강을 회복하거나 상처를 아물게 하는 방법을 이미 배우고 그대로 실천하고 있습니다.

　독사에 물린 산짐승이 쥐방울덩굴을 뜯어 먹는다든가, 상처를 입은 꿩이 소나무에서 나오는 송진을 부리로 상처 부위에 찍어 바르는 것 등이 아주 좋은 예입니다.

　건강한 체질을 만들기 위해서는 생명력이 강한 식품을 섭취하는 것이 좋은데, 가장 대표적인 식품이 바로 산나물입니다.

　우리 주변의 흔한 산나물에는 쑥, 민들레, 질경이, 망초, 칡, 달맞이꽃, 쇠

비름, 소루쟁이 등이 있습니다.

산나물에는 각종 비타민과 효소, 무기질, 섬유질 등이 풍부하게 들어 있어, 산나물을 오랫동안 고루 섭취하게 되면 각종 성인병을 예방할 뿐만 아니라 치료에도 크게 도움이 됩니다.

풍부한 비타민과 미네랄, 섬유소는 장을 비롯한 내장의 기능을 활발하게 하고, 신진대사를 왕성하게 하여 피를 깨끗하게 해줍니다.

이처럼 항암 효과가 있다고 알려진 산나물만 해도 50여 가지 이상이 되는데, 조상들은 과학적으로 그 성분이 밝혀지기도 전에 이미 그 효과를 알고 이용하였던 것입니다.

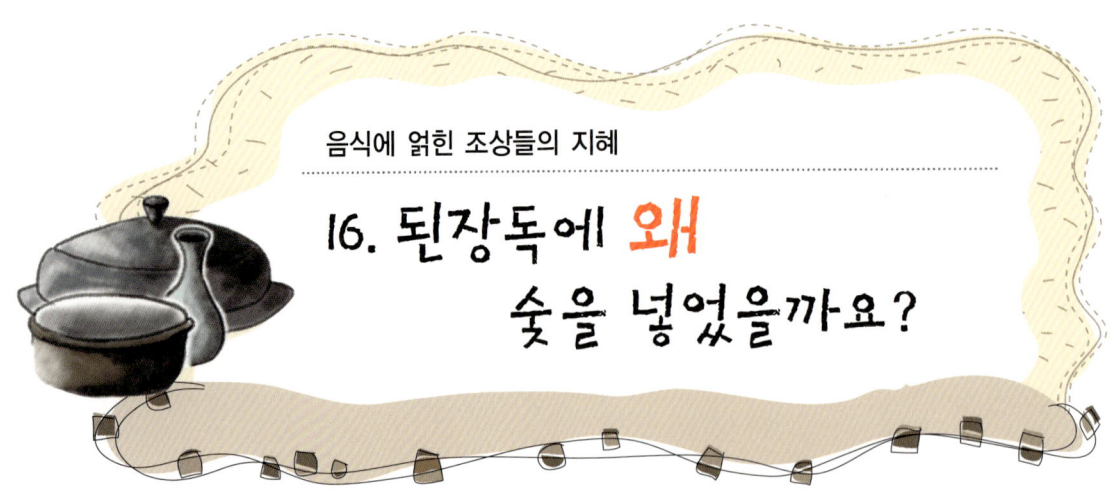

음식에 얽힌 조상들의 지혜

16. 된장독에 왜 숯을 넣었을까요?

요즘 된장이 암을 예방하는 데 효과가 있다는 내용이 발표되고 있는데, 수천 년 동안 먹어온 식품의 효능이 지금에서야 밝혀진 것은 참으로 안타까운 일입니다.

우리나라에서 만들어 먹는 재래식 된장은 암세포를 파괴하는 효과가 강하다고 합니다. 그 중 숯을 넣은 재래식 된장은 시중에서 파는 것에 비해 그 효과가 월등히 높은 것으로 나타났습니다. 된장은 메주와 물, 소금이 주원료인데, 여기에 숯을 대략 300g 정도 넣습니다.

된장은 누구나 알고 있는 발효 식품으로, 발효하려면 미생물이 절대적으로 필요합니다. 발효를 돕는 미생물이 없으면 부패가 일어나는데, 부패가 되면 맛이 없음은 물론이고 독성을 띠게 됩니다.

숯은 무수한 구멍을 가지고 있는데 신기한 것은 곰팡이 같이 덩치가 큰 미생물은 숯에 기생을 못하고, 우리에게 유익한 미생물만 숯의 구멍에서 살 수 있다는 것입니다. 또 숯에는 탄소가 85%, 미네랄이 10% 이상 함유되어 있기 때문에 환원 작용을 하므로 된장의 부패를 막습니다.

　미네랄은 체내의 신진대사를 도와주는 미량 물질로, 숯에는 나무가 빨아올린 미네랄이 그대로 농축되어 있어 숯을 넣은 된장이나 간장에는 자연히 미네랄이 풍부하게 됩니다. 즉, 과거에 어머니가 집에서 숯을 넣어 담가 준 된장과 간장의 맛은 바로 미네랄 효과라 할 수 있습니다.

간장이나 된장을 담그는 데 사용한 소금도 천연 미네랄이 많은 식품입니다. 천일염은 칼슘, 마그네슘, 철 등의 미네랄이 풍부해 우리 몸에 꼭 필요한 물질입니다. 이와 같이 숯을 넣은 된장은 약리적인 역할도 톡톡히 하고 있는 것입니다.

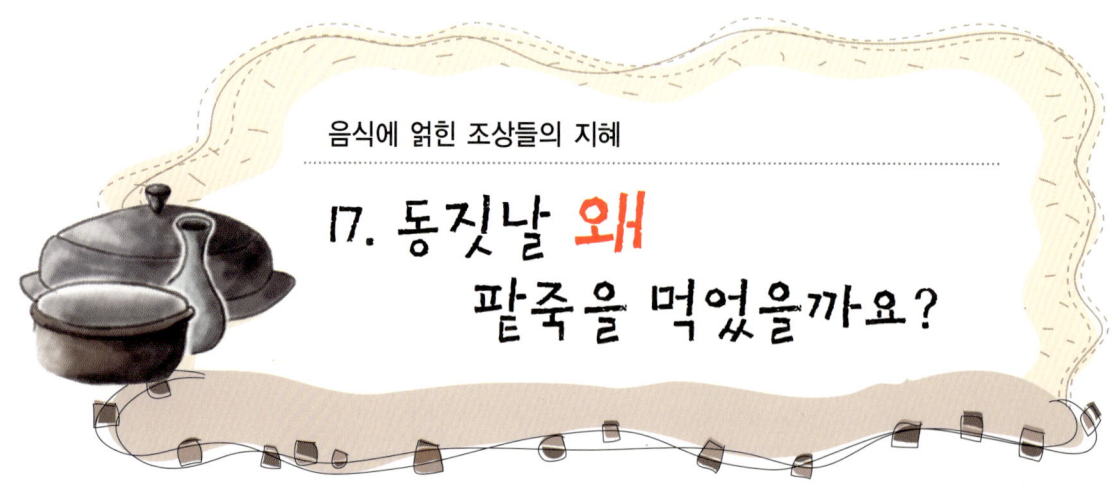

음식에 얽힌 조상들의 지혜

17. 동짓날 왜 팥죽을 먹었을까요?

동지는 24절기의 하나로서 일 년 중에 밤이 가장 길고 낮이 가장 짧은 날로, 자연의 변화를 24등분하여 표현한 것입니다. 태양의 황경이 270도에 달하는 때를 '동지'라고 하는데 대게 음력 11월 22일경이 동짓날이 됩니다.

동지가 음력 11월 초순에 들면 '애동지', 중순에 들면 '중동지', 그믐께 들면 '노동지'라고 하는데, 이는 동지가 드는 시기에 따라 달리 부르는 말입니다.

옛날에는 동지를 '작은 설'이라 해 설 다음 가는 큰 명절로 여겨 경사스러운 날로 생각하였습니다. 그래서 옛말에 '동지를 지나야 한 살 더 먹는다.' 또는 '동지팥죽을 먹어야 한 살 더 먹는다.' 라는 말이 전해 내려오는 것입니다.

동짓날에 일반 가정에서는 붉은 팥으로 죽을 쑤어 먹었는데 죽 속에 찹쌀가루로 새알심을 만들어 넣어 먹기도 합니다. 이 새알심은 맛을 좋게 하기

58

위해 꿀에 반죽을 해서 자기 나이만큼 먹기도 하였습니다.

동짓날 팥죽을 먹는 풍습은 귀신을 쫓기 위한 것 이외에도 조상들이 음식에 대하여 가진 과학적인 생각 때문이었습니다.

팥죽의 주재료인 붉은 팥에는 단백질, 비타민 B_1이 풍부하게 들어 있습니다. 또한 팥은 단백질을 구성하는 질 좋은 아미노산이 풍부한 식품으로 곡류에 부족하기 쉬운 아미노산인 라이신, 트립토판이 상당량 들어 있습니다.

팥죽

우리 민족의 주식인 쌀에는 비타민 B_1이 거의 들어 있지 않습니다. 따라서 팥밥 또는 팥죽은 쌀에 들어 있지 않은 비타민 B_1을 보충해 주기 때문에 흰밥보다 영양적으로 더 우수합니다.

팥은 우리 몸에 활력과 피로감을 줄여 주고 몸을 따뜻하게 해 주는 효과가 있어 특히 추운 겨울에 딱 알맞는 음식이라 할 수 있습니다.

팥죽은 신체에 활력을 주고 피로를 풀어주며 몸을 따뜻하게 해 주는데, 팥죽을 겨울철에 먹는 이유가 여기에 있는 것입니다.

조상들은 오늘날에 밝혀지고 있는 팥의 우수한 능력을 그 오랜 옛날에 이미 알고 있었던 것입니다.

팥죽을 쑤면 먼저 사당에 올려 차례를 지낸 다음 방과 장독, 헛간 등에 한 그릇씩 떠다 놓고, 대문이나 벽에다 죽을 뿌렸습니다. 붉은 팥죽은 양의 색으로써 귀신을 쫓는다고 믿기 때문이었습니다.

또 전염병이 유행할 때에 우물에 팥을 넣으면 물이 맑아지고 질병이 없어진다고 하고, 사람이 죽으면 팥죽을 쑤어 상가에 보내는 관습이 있는데 이는

상가에서 악귀를 쫓기 위한 것입니다.

동지팥죽은 이웃에 돌려가며 서로 나누어 먹기도 하는데 절에서도 죽을 쑤어 중생들에게 나누어주기도 하였습니다.

그래서 옛날 사람들은 팥죽을 먹어야 겨울에 추위를 타지 않고 공부를 방해하는 마귀들을 멀리 내쫓을 수 있다고 여겼습니다.

이처럼 경사스러운 일이 있을 때나 재앙이 있을 때에 팥죽, 팥떡, 팥밥을 하는 풍습 안에는 팥의 붉은색이 귀신을 쫓는다는 믿음과 건강을 지키려는 조상들의 지혜가 들어 있는 것입니다.

동짓날 팥죽을 쑨 유래는 중국에서 유래된 것입니다. 공공 씨의 못난 아들이 동짓날 죽어서 전염병 귀신이 되었는데, 그 아들이 평상시에 팥을 무서워하였기에 사람들이 귀신을 쫓기 위하여 동짓날 팥죽을 쑤어 악귀를 쫓았다고 합니다.

팥은 붉은 색깔을 띠고 있어서 역귀뿐만 아니라 집안의 모든 잡귀를 물리치는 데 이용되어 왔습니다.

동지에 먹는 팥죽에는 단지 화를 피하고 복을 부르는 주술적인 기원 외에도 인체에 열을 내는 팥의 능력을 알아 겨울을 슬기롭고도 과학적으로 지낸 우리 조상들의 지혜가 담겨 있습니다.

먹을 것이 넉넉지 못하였던 그 시절, 가장 추운 동지에 팥으로 만든 음식과 찹쌀로 만든 음식을 보양식으로 몇 번 먹게 되면 몸이 튼튼해질 수 있었습니다.

이는 다가오는 새해에는 보다 풍성한 수확을 하기 위해 동지부터 건강한 몸을 몸을 준비하던 우리 민속의 슬기라 할 수 있습니다.

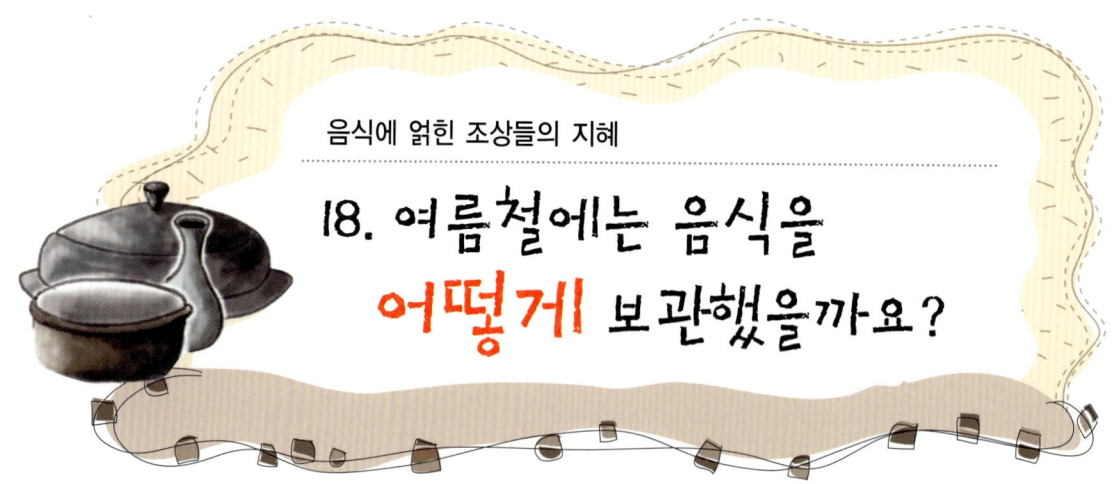

음식에 얽힌 조상들의 지혜

18. 여름철에는 음식을 어떻게 보관했을까요?

우리 조상들이 식품을 보관하고 저장하는 곳으로 땅굴을 활용했던 것은 새롭게 주목받아야 합니다.

과학적으로 잘 만들어진 냉장고가 없던 지난 시절 우리 조상들은 음식이 잘 상하는 여름철에도 큰 문제없이 음식을 잘 보관하여 먹었습니다.

제일 좋은 방법이 깊이 파여 있는 두레박 우물을 이용한 것인데 긴 줄에다 김치 그릇이나 과일 등이 담아 있는 그릇을 달아매어서 우물물에 담가놓는 것입니다.

깊은 우물물은 온도가 항상 일정하기 때문에(섭씨 약 13도) 음식이나 과일이 쉬거나 상하지 않고 며칠간을 보관할 수가 있는 것입니다.

이 천연 냉장고는 공기의 오염을 일으키는 프레온가스도 내보내지 않으므로 걱정이 없고 전기료도 전혀 들어가지 않아 근심할 필요도 없습니다. 다만 줄에 매달아 끌어내리고 올리는 것이 번거로울 뿐입니다.

　자연을 있는 그대로 이용하는 지극히 정상적이면서도 과학적인 방법이라 할 수 있습니다.
　한편 먹다 남은 밥은 자연 바람을 이용하였는데 우선 남은 밥을 대소쿠리나 바가지에 담아서 바람이 잘 통과하는 기둥에 달아매 놓았습니다.
　이 방법은 냉장고보다야 못하겠지만 이 또한 냉장고의 대용품으로 조금도 손색이 없는 지혜인 것입니다.
　더군다나 밥을 대소쿠리에 담으면 대나무만이 갖고 있는 특유의 향과 살균 작용으로 밥이 잘 쉬지를 않기 때문에 어느 집에서나 이 방법을 이용하였습니다.
　또 바가지에 밥을 담아 놓으면 바가지 자체가 습기를 흡수하는 성질이 강해

밥에 들어 있는 습기를 흡수해 버리므로 밥이 상하는 것을 방지하게 됩니다.

오늘날에 에어컨이나 냉장고에 사용하는 프레온가스 등으로 인해 대기오염이 점차 심해지고 있는 것과 비교하면 우리 조상들의 자연을 이용한 지혜에 감히 감탄하지 않을 수가 없습니다.

이외에도 우리 조상들은 자연 바람에 건조시켜서 물건을 저장하는 방법을 일찍부터 사용하여 왔습니다.

가을에 채소를 수확하고 배추와 무 잎 등을 짚으로 엮어서 바람이 잘 통하는 곳에 매달아 놓았다가 잘 마르면 시래기로 사용하여 국을 끓여먹거나 삶아서 나물 등으로 묻혀 먹는 방법으로 겨울에 부족한 영양소를 보충하였습니다.

시래기뿐만 아니라 제사에 빠질 수 없는 곶감 역시 다른 가공 없이 감을 깎

> 조상들은 자연 바람에 건조시켜서 물건을 저장하는 방법을 일찍부터 사용해 왔어. 배추, 시래기, 과메기, 명태, 북어 등 그 종류도 여러 가지야.

> 바람을 이용하다니, 역시 조상들은 지혜가 뛰어나다니까.

아서 말린 것입니다.

땡감을 잘 깎아서 그늘에서 잘 말리면 떫고 맛없는 감이 맛있고 달콤한 곶감으로 변하는데 이 역시 자연이 우리에게 준 선물입니다.

한편 포항지방에서 유명한 과메기 역시 청어를 바람이 잘 통하는 곳에서 말린 것이고 북어 역시 명태를 자연 바람에 건조시킨 것입니다.

이들은 어떠한 첨가물이나 다른 인위적인 방법이 아닌 그저 자연이 제공해 주는 바람과 햇볕, 기온의 변화로 서서히 말려서 식품으로 만들어 보관하기에 아주 좋은 상태로 변화시켜 놓은 것입니다.

이렇게 말려진 우리 식품들은 상하거나 변질되는 일이 전혀 없는 그야말로 자연 그대로의 자연 식품인 것입니다.

바로 자연을 이용한 식품 보관 방법에도 과학의 원리가 들어 있는 것입니다.

감히 누가 이런 방법을 답답한 구식이라고 합니까?

우리도 현대 문명의 기계에만 너무 의존하지 말고 자연을 이용하는 방법 등을 찾아 연구와 개발을 하여 자연에 맞는 방법으로 살아갔으면 합니다.

그렇게 하면 심각한 지구오염도 조금은 막을 수 있고 또한 지구 온난화로 인한 이상기후 등에도 개선의 효과가 있을 것이니 말입니다.

이러한 식품의 생산자들과 시골이나 도시의 단독주택에 거주하는 일반인들 모두 지나치게 냉장고에만 의존할 게 아니라, 우리 조상들의 생활에 대해 한번쯤 더 생각해보고 가능하다면 일상생활에 널리 활용했으면 좋겠다고 생각합니다.

음식에 얽힌 조상들의 지혜

19. 생선회는 왜 무채 위에 올려놓을까요?

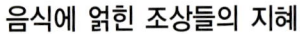

횟집에서 생선회를 주문하면 접시에 반드시 깔려 나오는 것이 하얀 무채입니다.

생선 지방은 성인병을 예방하는 성능과 뇌세포를 활성화시키는 성분 등이 들어 있어 어느 식품보다 우수하다고 알려져 있습니다.

생선에 들어 있는 지방은 산소와 아주 가깝기 때문에 육류 지방에 비해 산화가 무척 빠르고, 일단 산화하면 기능이 상실될 뿐 아니라 도리어 몸에 해로울 수 있습니다.

무채는 바로 이 산화를 방지하는 역할을 하기 때문에 같이 올리는 것입니다. 무채에 듬뿍 함유된 비타민 C는 이들 영양소의 산화를 막는 항산화제인 셈입니다.

생선회 접시에는 생강도 놓여 있는데, 비타민 E가 많은 생강 역시 항산화제 구실을 합니다.

또한 무는 생선을 구울 때 검게 탄 부분에 들어 있는 발암성 물질을 분해하는 역할도 하기 때문에 자주 먹어야 할 식품입니다.

다시 말해 생선회의 무채는 산화를 예방하고 염분을 흡수하며 항암 역할을 합니다.

산화한 음식을 먹게 되면 몸이 산화하는데 이는 곧 늙어간다는 것입니다.

그래서 최근 미국에서는 생선회 수요가 늘면서 생선회와 무채를 같이 먹도록 교육하고 있다고 합니다.

그러나 여기서 반드시 지켜야 할 일은 무채는 한 번만 사용해야 하고 한 번 사용한 무채는 버려야 한다는 것입니다.

무채의 비타민 C 잔존율은 시간이 지날수록 떨어져 무채를 만든 1분 후에는 85%, 1시간 후에는 76%, 2시간 후에는 53%밖에 되지 않는다고 합니다.

아무리 좋은 식품에도 역기능이 있기 마련이니 생선회도 즉시 먹지 않으면 영양의 손실은 물론이고 오히려 몸에 해로울 수 있습니다.

아주 간단할 것 같은 접시에 담긴 무채에도 건강을 생각하고 몸을 보호하는 과학적인 생각이 있었던 것입니다.

음식에 얽힌 조상들의 지혜

20. 대보름날에는 왜 오곡밥을 먹었을까요?

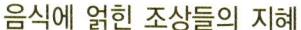

정월 대보름의 대표적 음식인 오곡밥은 다섯 가지의 곡식을 섞어 지은 밥으로 올해에도 모든 곡식이 잘 되기를 바란다는 뜻으로 먹었습니다.

성씨가 다른 세 집 이상의 밥을 얻어먹으면 그 해 건강이 좋다고 한 것도 건강에 대한 깊은 뜻이 담겨져 있는 것입니다.

이러한 오곡밥은 현대 의학적으로도 영양이 골고루 섞여있는 대단히 조화로운 음식이라고 할 수 있습니다.

오곡밥 중 멥쌀은 성질이 평온하고 맛이 달아 소화기를 따뜻하게 해 주며 근육을 돕고 설사를 그치게 하는 효과가 있어 어느 체질이나 먹어도 문제가 없는 식품입니다.

찹쌀은 성질이 따뜻하고 맛은 달며 소화기를 보할 뿐만 아니라 따뜻하게 하고 구토, 설사를 그치게 하는 효과가 있어 소화기가 약한 사람들이 자주 먹으면 좋은 식품입니다.

그리고 차좁쌀은 비장과 위장의 열을 내려주고 소변을 잘 나오게 하며 설사를 멎게 하는 효과가 있어 소화기가 약한 사람들에게 어울리는 식품입니다.

수수는 소화는 덜 되는 편이나 몸의 열을 내려주는 역할을 하며, 질 높은 단백질을 공급하여 주는 콩은 성질이 평온하고 맛이 달아 오장을 보하고 피돌기를 돕는 식품입니다. 붉은 팥은 맛이 달며 몸이 붓는 것을 방지하고 갈증과 설사를 멈추게 하는 역할을 합니다.

음력 1월 15일인 대보름은 신라 시대부터 지켜 온 우리들의 큰 명절로 달이 가득 찬 날이라 하여 집안의 모든 재앙을 막아준다고 해 이날 밤 달이 떠오르는 것을 기다렸다가 모두가 달에게 소원을 빌기도 했습니다.

늦가을에 썰어서 말려 두었던 고사리, 고비, 고구마 줄기, 도라지, 시래기 등은 푹 삶아서 물에 담가 우려내고 호박, 가지, 버섯 등은 불려서 물기를 꼭 짠 다음 나물에 갖은 양념을 하여 냄비에 담습니다. 여기에 약간의 기름을 두르고 볶다가 물을 조금 두르고 뚜껑을 덮어 폭 뜸을 들이는 것이 묵은 나물을 맛있게 하는 방법입니다.

깊은 겨울 영양의 균형을 갖추어 먹을 수가 없던 그 가난한 시절에도 이날만은 오곡밥에 각종 나물을 푸짐하게 먹을 수 있어 각종 영양분을 보충할 수 있었습니다.

한번 맘 놓고 풍족하게 살아보지 못한 조상들은 항상 잘 먹고 싶지만 언제나 먹을 것이 부족

오곡밥

한 채로 긴 겨울 동안 겨우 끼니를 이어가고 있으니 영양이 남아 있지 않았습니다.

설이 지나고 보름 때가 오면 곧 새봄이 와서 또 일 년 농사를 시작해야 하므로 이날 하루만이라도 각종 나물에 오곡밥을 배불리 먹어서 영양을 보충하고 기운을 차리기 위하여 연중행사가 된 것이랍니다.

너무도 아름다운 풍습이고 과학적인 지혜입니다. 그러나 먹을 것이 너무도 풍부한 요즘에는 자칫 쓸데없는 것이라고 무시할 수 있는데, 그런 생각은 버려야 합니다.

지혜라는 것은 이처럼 그 시대마다 조금씩 다르고 필요한 것입니다.

오늘날의 풍요로운 생활 속에서도 그 나름대로의 지혜를 찾는다면 너무 먹어서 풍풍해진 살을 **빼려고** 발버둥치는 일은 없을 것입니다.

둘

주거 생활에 얽힌 조상들의 지혜

주거 생활에 얽힌 조상들의 지혜

1. 전통 가옥에는 어떤 지혜가 숨어 있을까요?

조상들은 대대로 살아온 전통 가옥을 호화스럽게 꾸민다 해도 옆으로만 퍼지게 할 뿐 하늘 높이 짓지는 않았습니다.

조상들에게 주거 공간이란 눈비나 찬 이슬을 피하면 되는 것으로, 여기에는 큰 욕심 없이 만족하며 자연의 순리대로 사는 지혜가 있습니다.

지금의 백 여평 고급 아파트에서 한겨울에도 겉옷을 입지 않고, 한여름이면 춥다고 하면서도 그 생활에 만족하지 못하는 사람들의 이기심은 선조들에게는 찾아보기 힘든 모습입니다.

조상들의 전통적인 집의 구조는 대체로 네 개의 형태로 구분됩니다. 첫째는 'ㅡ'자 형태의 집으로, 부엌과 방이 하나로 붙어 있어 모든 식구들이 한 방에서 같이 먹고 생활해야 했습니다.

다음으로는 'ㄱ'자 형태의 집으로, 부엌이 한 개 또는 두 개에 방도 안방과 사랑방이 따로 만들어져 있어서 노인들이나 손님은 사랑방을 주로 사용하였습니다.

그리고 'ㄷ'자 형태의 집은 다소 살림의 여유가 있는 가정으로 **행랑**도 있고 부엌도 두 개 이상이며, 방도 여러 개 있어 식구들이 자기 방을 가질 수 있었습니다.

전통 한옥집

마지막으로 'ㅁ'자 형태의 집은 재산이 넉넉한 가정으로 대문도 두 번을 넘어야 안채로 통할 수 있는 형태입니다. 넓게 퍼질 뿐, 집의 높이는 어느 집이나 같게 지었습니다.

서구의 집들은 높게 위로 지으려고 땅을 깊게 파고 기초를 다지지만, 우리

> 전통 집의 구조는 'ㅡ'자 형태의 집으로, 부엌과 방이 하나로 붙어 있지. 다음으로는 'ㄱ'자 형태의 집으로, 부엌이 한 개 또는 두 개에 방도 안방과 사랑방이 따로 있어.

전통 적인 집의 구조

ㅡ자 구조

ㄱ자 구조

전통적인 집의 구조

ㄷ자 구조

ㅁ자 구조

> 'ㄷ'자 형태의 집은 다소 살림의 여유가 있는 가정으로 행랑도 있고 부엌도 두 개 이상이며, 방도 여러 개가 있지. 'ㅁ'자 형태의 집은 재산이 넉넉한 가정으로 대문도 두 번을 넘어야 안채로 통할 수 있는 형태야.

의 전통 집들은 높게 지을 필요가 전혀 없으므로 평평한 땅에 큰 돌멩이로 다지기만 하면 곧바로 집을 지을 수가 있었습니다.

그 공간에서 생활하는 사람의 마음 역시 지나친 욕심을 갖지 않으므로 언제나 평온하고 남을 배려하면서 자기를 낮출 줄 아는 지혜도 배워 갔던 것입니다.

이런 뜻이 있어요!

• **행랑** : 대문간에 붙어 있는 방을 말한다.

주거 생활에 얽힌 조상들의 지혜

2. 초가집에는 어떤 효능이 있을까요?

우리 조상들은 주로 초가집에서 생활했습니다. 나무로 골격을 짜고 벽은 **외**를 엮어 놓은 다음, 겉에는 짚을 5cm 정도의 길이로 썰어 흙과 섞어 발랐습니다. 그리고 그 바깥에는 고운 흙을 반죽해서 바르고, 지붕은 볏짚을 엮은 **이엉**으로 덮습니다.

이처럼 흙으로 만든 벽은 사계절이 뚜렷하여 기온의 변화가 큰 우리나라에서는 최상의 건축 자재입니다.

흙은 열의 차단을 잘 막아 주기 때문에 온도를 일정하게 유지해 주는 효과가 있는데, 습할 때는 습기를 머금었다가 건조할 때 내뿜는 천연의 습도 조절기이기도 합니다. 미립자 틈틈이 바람을 통과시킬 수 있기 때문에 통풍도 잘 되게 합니다.

흙벽은 시간이 지나면 조금씩 부스러져 떨어지기 때문에 끊임없이 손으로 메워 주어야 하는데, 이렇게 손으로 쓰다듬으면서 다듬은 흙집은 온기를 가

지고 살아 숨쉬는 가족의 일부분이 되어 단순한 건축 재료 이상의 의미를 지니게 됩니다.

 흙이 숨을 쉰다는 것은 공기가 잘 통한다는 뜻입니다. 유리 그릇과 황토 그릇에 물을 담아 금붕어를 넣고 윗부분을 비닐 랩으로 씌워 밀폐한 뒤 얼마의 시간이 흐른 뒤 살펴보면, 유리 그릇 속의 금붕어는 죽지만 황토 그릇에 넣은 금붕어는 죽지 않는 것만 봐도 황토 그릇은 공기가 통한다는 것을 알 수 있습니다. 그리고 흙은 항균 효과가 크기 때문에 곰팡이가 피지 않습니다. 황토 용기에 담아 둔 물이 PET병, 비닐, 바이오 용기 등에 담아 둔 물에 비해 산소량이 많고 대장균 수가 훨씬 적다는 연구 결과를 보면 알 수 있습니다.

 이 밖에도 흙은 냄새를 없애는 효능이 뛰어나며, 높은 온도를 오랫동안 지속하는 능력을 가지고 있어 난방을 끝내도 바닥 온도가 급격하게 떨어지지 않으며, 실내 온도를 오랜 시간 유지시켜 줍니다.

 최근 흙에 **원적외선** 방사량이 많다는 것이 밝혀졌습니다. 원적외선은 인체의 세포 운동을 촉진함으로써 활력을 증진시키고, 신진대사와 혈액 순환을 촉진한다고 알려져 있습니다.

 이처럼 조상들은 흙의 효능을 이미 체험하고, 그 흙을 오랫동안 생활에 이용하였습니다.

 근래에 와서 흙의 효능이 하나 둘씩 밝혀지면서, 이제 흙은 신비의 약효로 떠오르고 있습니다.

이런 뜻이 있어요!

- **외** : 흙벽을 바르기 위하여 벽 속에 엮은 나뭇가지를 말한다.
- **이엉** : 초가집의 지붕이나 담을 덮기 위하여 짚으로 엮은 물건을 말한다.
- **원적외선** : 적외선 중 파장이 긴 것을 말한다. 적외선은 가시광선의 적색 영역보다 파장이 길어 열 작용이 큰 전자파의 일종으로, 눈에 보이지 않고 물질에 잘 흡수된다.

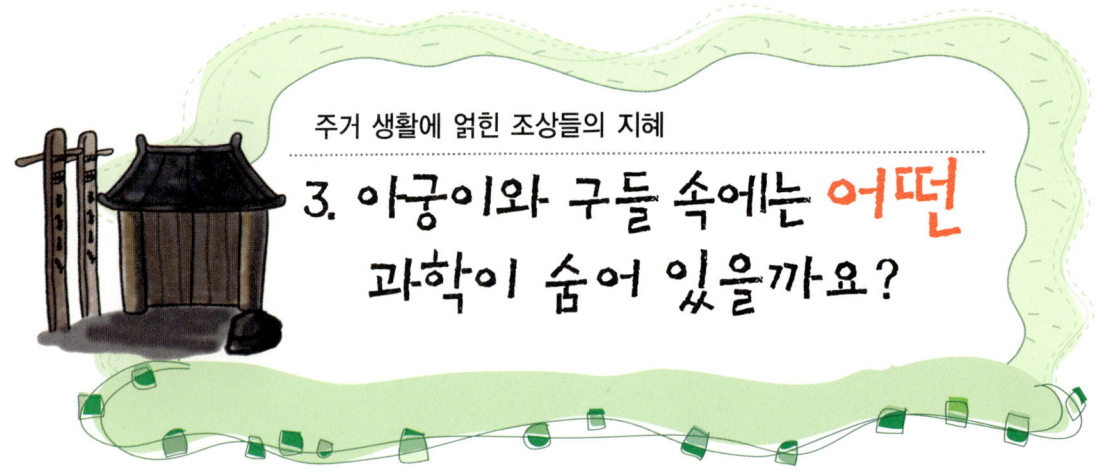

주거 생활에 얽힌 조상들의 지혜

3. 아궁이와 구들 속에는 어떤 과학이 숨어 있을까요?

겨울이 몹시 추운 지방에서는 처음에 아궁이를 방 안에 같이 두었습니다.

그러나 사용하는 과정에서 실내에 연기가 차고 공기가 혼탁해지기 시작하자 연기를 내뿜는 굴뚝이 생기게 되고 불을 때는 아궁이도 따라서 방 밖으로 나가게 된 것입니다.

이처럼 우리의 구들 구조는 상당한 열 관리 지식을 보여 주는데, 부엌에서 연료가 탈 때 연기를 잘 배출하고 구들을 골고루 데우기 위해서 바람과 기후 조건을 잘 따져 아궁이와 굴뚝을 배치했습니다.

그리고 취사와 보온의 효과가 끝난 잿불은 화로에 담아 방에 놓기 때문에 방 안의 찬 공기를 없애 주는 효과도 가져왔습니다.

구들은 난방과 동시에 취사를 할 수 있는 장점이 있고 재는 화로에 담아 손을 따뜻하게 하는 재료로 사용되었습니다. 이렇듯 우리가 무심코 지나치고 소홀히 대하는 부엌에도 물리, 화학, 환경, 의학 등 모든 부분의 과학이 넘쳐 흐르고 있었음을 알 수 있습니다.

또한 아궁이에서 불을 때게 되면 구들장 밑으로 난 공기 통로를 통하여 굴뚝으로 나가는 동안 뜨거운 열기를 가진 연기가 구들장을 데워서 방 안의 온도를 높이는 동시에 부뚜막에 걸려 있는 솥에서는 음식물을 익힐 수가 있는 것입니다.

긴 겨울을 춥지 않게 지내기 위해 아궁이에서 보낸 열을 되도록 오래 머물게 하여 실내의 온도를 높이는 연구를 거듭해 온 결과 경험을 통한 지혜가 쌓인 것입니다.

결국 공기의 흐름을 정확하게 알아야 하는 대류 현상과 같은 과학적인 원리가 구들장에 그대로 적용된 것입니다.

즉 아궁이에서 불을 때서 온도를 높이게 되면 방고래(방의 구들장 밑으로 나 있는, 불길과 연기가 통하여 나가는 길)를 통해서 굴뚝으로 빠져나가는 도중에 방고래 끝에 깊게 파 놓은 개자리(불기운을 빨아들이고 연기를 머무르

아궁이

게 하려고 방구들 윗목 밑으로 고래보다 더 깊이 파 놓은 고랑)에 열을 오랫동안 저장하는 열 주머니를 만들게 된 것이랍니다.

　이는 열을 가진 연기가 굴뚝을 통하여 집 밖으로 빠르게 빠져나가는 것을 막기 위한 것입니다.

　따라서 불을 때지 않아도 열 주머니에 머물러 있는 열기가 천천히 이동하면서 오랫동안 구들장을 데워 주는 효과를 얻게된 것입니다.

　그러나 구들장의 이 부분만으로는 원하는 대로 방을 데울 수가 없습니다.

　이에 구들장의 재료인 돌을 고르는 데에도 지혜를 발휘하였습니다.

　선조들은 주위에 흩어져 있는 많은 돌 중에서 특별히 운모라는 돌을 골라서 구들장으로 사용하였습니다.

운모는 돌의 한 종류로서 화성암과 변성암에서 흔히 발견되는 돌로 특히 열이나 전기가 잘 통하지 않는 성질을 가지고 있습니다. 이런 성질을 잘 알고 있는 조상들은 이를 구들장의 재료로 사용하는 과학적인 지혜를 생각해 낸 것이랍니다.

이 돌로 구들장을 놓게 되면 뜨거운 열기를 한 번에 내놓지 않는다는 점을 적절하게 이용하여 구들을 놓은 것입니다. 또 구들장의 아랫목과 윗목을 두께가 다른 것으로 사용한 것도 대단히 과학적인 생각입니다.

즉 방의 아랫목은 낮고 윗목은 높게 구들장을 놓았는데 아랫목의 경우에는 불을 지피는 아궁이와 가깝기 때문에 많은 열을 받게 되면 너무 뜨거워질 수 있으므로 두꺼운 돌을 놓은 다음에 진흙을 두껍게 발랐습니다.

이렇게 하면 아랫목의 구들장으로 많은 양의 열을 저장할 수 있는 것입니다.

한편 윗목의 구들장으로 얇은 것을 골라서 사용한 것은 빨리 데워지도록 하기 위해서입니다. 이렇게 하면 아랫목과 윗목의 온도 차를 줄일 수 있으므로, 방 안이 골고루 데워지도록 얇게 발라 열전도율의 균형을 맞추었습니다.

이와 같은 방법은 방이 식을 때도 마찬가지 원리가 적용되는 것입니다.

불을 때지 않으면 아랫목에 저장된 열은 구들장 속의 고래를 타고 윗목의 구들장으로 흐르기 때문에 윗목의 구들장도 급히 식지 않습니다.

이처럼 오랫동안 사용하였던 구들은 과학적인 오랜 연구로 인해서 완성된 것이랍니다.

이렇게 만든 방에서 잠을 자면 머리는 윗목에 있게 되고 발은 따뜻한 아랫목에 있게 되므로 자연스럽게 머리는 차게 되고 발은 따뜻하게 됩니다. 이처럼 구들장에는 우리 몸을 항상 건강하게 유지하도록 해 주는 인체 과학도 함께 들어 있답니다.

실제로 세계적으로 장수하는 지역은 추운 곳에서 많은 양의 산소를 공급받을 수 있는 지역이며 열대 지방 사람들의 수명이 짧다는 것도 이와 같은 이치라고 생각할 수 있습니다.

이처럼 방바닥은 가능하면 온도 차이가 있는 부분을 만드는 것이 건강상에 매우 좋다고 학자들은 말하고 있습니다.

우리의 구들 문화는 해외의 여러 나라에서 인정을 받고 있는데 프랑스의 건설 시장에선 이미 우리의 온돌 재료들이 유통되며 많은 선호를 받고 있습니다. 이런 현상이 우리 선조들의 우수한 온돌 과학을 증명하는 한 단편이라 할 수 있습니다.

이처럼 조상들은 구들장의 재료조차도 어떤 돌을 쓰는 것이 가장 적당한 것인지를 알고 사용했으니 과학적인 지혜에 놀랍기만 합니다.

주거 생활에 얽힌 조상들의 지혜

4. 굴뚝을 왜 처마보다 낮게 설치했을까요?

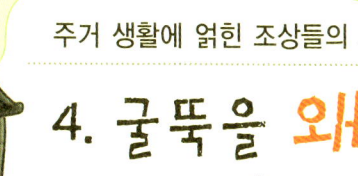

굴뚝의 크기는 지역과 가옥의 규모 및 그곳에서 살아가는 사람의 신분에 따라 다르지만, 대개는 지붕 처마를 넘지 않는 것이 보통입니다. 그러므로 굴뚝은 자신의 구실을 하는 데 충실할 정도로 꾸밈없이 처마 밑에 서 있는 것입니다.

그러나 있는 듯 없는 듯, 보일 듯 말 듯한 우리의 굴뚝은 그저 연기만 뱉어 내도록 고안된 것이 아닙니다.

대개의 굴뚝이 처마보다 낮게 만들어져 있으므로 굴뚝에서 나온 연기는 집안을 한 바퀴 감싸 돌아가게 되는데, 이는 연기로 집 안팎을 소독하기 위해서입니다.

이렇듯 우리 조상들의 지혜는 굴뚝 하나에도 숨

어 있습니다. 오늘날과 같이 화학 약품을 써서 일부러 집 주위를 소독할 필요가 없었던 것입니다.

굴뚝

 일반 서민층 가옥의 굴뚝에 비해 상류층의 가옥에 있는 굴뚝은 자신들의 능력을 돋보이도록 설치하기도 했습니다. 서민들의 경우 굴뚝이 대부분 모퉁이에 가옥과 함께 붙어 있는 데 비해, 양반들은 굴뚝을 집과 멀찍이 떨어지게 설치했습니다.

 이와는 다른 모습으로 대개 행랑채(대문간 곁에 있는 집채) 담벼락에 위치하는 '가랫굴'이라는 굴뚝도 있었습니다.

 가랫굴은 현재 창덕궁 연경당 행랑채에 잘 보존되어 있습니다.

주거 생활에 얽힌 조상들의 지혜

5. 뒷간 문화 속에는 어떤 지혜가 숨겨져 있을까요?

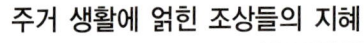

　수세식 화장실에는 두 가지 문제점이 있습니다. 하나는 물의 낭비이고, 또 하나는 수질 오염입니다.

　물을 절약하고 싶어도 수세식 화장실이 지니고 있는 특성 때문에 소변을 조금 보고도 물 한 양동이를 부어야 하는 실정입니다.

　수세식 화장실은 분뇨를 처리하는 데 분뇨량의 50배 이상의 물을 소비해야만 사용이 가능한 엄청난 물의 낭비 기구인 것입니다.

　분뇨는 정화조에 들어가면 희석되어 다시 하천으로 흘러 들어가는데, 말끔히 정화된 물이 들어가는 것이 아니라 희석액이 들어가는 것입니다.

　아무리 희석액이지만 대장균 덩어리인 분뇨가 물에 섞임으로써 이를 분해·발효시키는 박테리아(세균)가 공기로부터 차단되어 죽어 버리고, 오히려 수인성 질병의 병원균들이 더욱 늘어나는 결과를 낳습니다.

　세계 보건 기구의 실험 결과를 보면, 정화조에서 나온 희석수 1cc에는 대

물 낭비가 심한 수세식 화장실에 비해 전통 재래식 뒷간은 똥거름으로 활용할 수 있어 수질 오염 염려가 없다구~.

장균이 자그마치 43만 마리가 득실거리고 있으며, 이 희석수는 다시 하수관을 통해 두 배가 넘는 다른 생활 하수를 오염시켜 도시의 하수는 온통 병원균의 온상이 됩니다.

우리 조상들이 사용한 뒷간(화장실)은 지역에 따라 다른 방식으로 응용되어 왔습니다.

제주도의 똥돼지간, 산골 마을의 재간, 일반 농촌 마을의 재래식 뒷간 등이 그것인데, 일반적으로 널리 알려진 재래식 뒷간과 재간의 분뇨 저장통은 넓고 깊습니다.

이곳에서 분뇨가 발효되려면 상당 기간이 지나야 하는데, 저장 통이 너무 작으면 발효가 되기도 전에 통을 비워야 하는 문제가 생기므로 적당한 넓이와 깊이는 매우 중요합니다.

재래식 화장실

그리고 변기 쪽은 발효가 안 된 분뇨가 쌓이므로 발효된 분뇨를 편한 위치에서 퍼내려면 저장 통이 넓어야 합니다.

저장 통이 넓으므로 갓 배설된 똥들은 윗부분에 떠다니며 발효하다가, 삭으면 아래쪽으로 내려가게 됩니다.

따라서 똥거름을 퍼낼 때는 위에 떠 있는 분뇨 덩어리를 밀치고 아래쪽의 곰삭은(오래되어 푹 삭은) 물거름을 꺼내어 논밭에 거름으로 사용합니다.

뒷간은 통풍이 잘 되는 곳에 설치했는데, 그 이유는 분뇨에서 메탄·질소·암모니아 가스 등의 냄새가 많이 배출되기 때문에 가스를 원활하게 배출시키려는 목적도 있지만, 동시에 분뇨를 발효시키는 미생물에 산소를 공급해 주어 활동이 더욱 왕성하도록 하기 위해서입니다.

이렇듯 뒷간은 통풍이 잘 되는 곳에, 반드시 음식을 만드는 부엌이나 실내에서 멀리 떨어지도록 만들었습니다.

주거 생활에 얽힌 조상들의 지혜

6. 조상들은 부엌을 어떻게 이용했을까요?

　부엌에서 여러 음식을 조리하고 처리하는 과정에서 손때가 묻어난 조리 기구와 흙으로 만들어진 부뚜막은 현대의 기술로도 만들 수 없는 것들입니다.

　아파트나 현대식 주방에서 음식은 재활용이나 재처리 한번 없이 무작정 흐르는 물에 씻어 하수구로 버리면 그만입니다.

　그러나 우리 조상들은 먹고 남은 음식을 버리지 않고, 몇 번이고 높은 열로 데워서 멸균 처리하여 보존했습니다.

　어떤 음식 찌꺼기는 구정물 통에 모아 두었다가 가축의 먹이로 이용했으며, 쌀을 씻은 물도 그냥 버리지 않고 국이나 찌개를 끓여 먹는 데 국물로 이용했습니다.

　또한 땔나무를 이용해서 음식물을 조리하였기 때문에 취사와 보온이 동시에 가능해 연료비가 별도로 들어가지 않았습니다.

황토로 구운 아궁이에 불을 지피며 부엌일을 하던 옛 여인들에게 자궁암이나 유방암이 없었던 것은, 황토에서 나오는 원적외선이 부인병을 예방하기 때문입니다.

불을 피우면서 아궁이에서 나오는 열은 부인들의 하복부를 자연스럽게 데워 주어 일종의 찜질 형태가 되므로, 부인병을 예방하는 효과를 가져온 것입니다.

취사와 보온이 끝난 잿불은 화로에 담아 방에 두어 방 안의 찬 공기를 없애는 데 사용되었습니다.

전통 부엌

이렇듯 우리가 무심코 지나치고 소홀히 대하는 부엌에도 물리, 화학, 환경, 의학 등 모든 부분의 과학이 넘쳐 흐르고 있었음을 알 수 있습니다.

산업화에 따라 우리의 생활이 변하지 않을 수 없지만 현대 생활에서 나타나는 문제점들에 효과적으로 대처할 수 있다면, 더욱 알찬 생활을 할 수 있습니다.

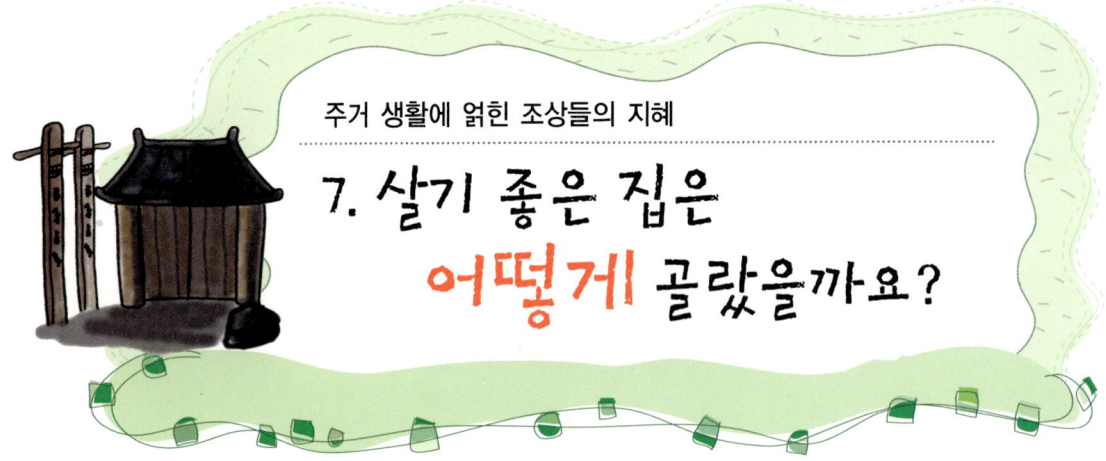

주거 생활에 얽힌 조상들의 지혜

7. 살기 좋은 집은 어떻게 골랐을까요?

풍수 이론에 따르면 좋은 집터란 앞이 막히지 않아 햇빛이 잘 들며, 바람(공기)의 순환이 잘 되고 흙의 빛깔이 좋을 뿐만 아니라, 물이 맑고 깨끗한 곳을 말합니다.

결국 항시 신선한 공기를 마실 수 있고, 햇빛이 잘 드는 집이 좋다는 것입니다.

그래서 풍수에서는 동쪽이 높고 서쪽이 낮은 집이나, 남쪽이 높고 북쪽이 낮은 집을 흉가로 보고 있습니다.

또한 막다른 골목집은 공기의 순환이 안 되어 피했고, 생흙이 아닌 매립지는 땅이 꺼지는 위험 때문에 기피했으며, 벽에 금이 가거나 물이 스며드는 집은 습기가 많아 위생상의 문제와 수맥의 피해로, 어둡고 그늘진 집은 햇빛이 들어오지 못하므로 기피했습니다.

또 주변의 지대에 비해 낮은 곳은 홍수나 장마 때 침수의 위험이 있어 피했습니다.

안방은 될 수 있으면 주방에서 멀리 떨어진 곳으로 정하고, 어린이나 노인의 방은 남쪽이나 남동쪽이 좋으며, 공부방이나 서재는 북쪽이 좋고, 침실은 동쪽이나 동남쪽이 좋습니다.

과학적으로 밝혀진 이유를 찾아보면 동쪽에서 뜨는 햇빛에는 자외선이 많이 방사되는데, 자외선은 살균력이 있어 건강에 좋기 때문입니다.

이처럼 선조들은 집을 지을 때와 집터를 고를 때 지형에 따라 물, 바람, 사람, 방향을 적절히 조화시켜 최적의 주택 공간을 만들었습니다.

주택의 넓이가 필요 이상으로 큰 주택은 인간이 주택의 기운을 받는 것이 아니라, 거꾸로 거주자가 주택의 기운에 눌려 원기가 손상되므로 지나치게 큰 주택은 피했습니다.

무조건 크고 화려한 것만 추구하는 요즘의 사람들에 비하면 얼마나 합리적이고 건설적이며 소박한 삶인지 깊게 생각해야 합니다.

자주 사용하지 않는 방은 통풍도 안 되고 청소도 소홀히 하게 되므로 습기와 먼지 등이 쌓여 위생적으로도 불결해집니다. 따라서 방은 가능하면 자주 사용하여야 합니다.

약간은 비좁은 듯한 공간에서 오밀조밀 모여 지내는 것이 인간다운 것이며, 가족 간의 협력과 이해심이 생겨나게 되는 것입니다.

특히 장년 이상의 노년층에서는 더욱 더 고독함을 느끼게 되는데, 우리나라의 건설교통부에서는 1인당 주거 면적 기준을 최저 $10m^2$(약 3평)로, 바람직한 수준을 $16m^2$(4.8평)로 보고 있습니다.

거주하기에 쾌적한 1인당 주거 면적을 일본은 4.8~8.4평, 영국은 4.8~9.9평, 독일은 8.0~8.9평, 세계 가족 단체 협의회는 4.8~6.2평으로 규정하고 있습니다.

이렇게 볼 때 우리나라는 1인당 6평 정도로, 4인 가족의 경우 실평수 24평 정도 되는 30평형대가 적당한 규모라 할 수 있습니다. 그 이상은 허례와 사치가 되고 자기 과시적으로 보일 뿐입니다.

주거 생활에 얽힌 조상들의 지혜

8. 지붕에 왜 기와를 이용했을까요?

우리나라의 지붕 위에 얹는 기와는 좋은 흙으로 틀을 이용해 모양을 만들고, 가마에서 높은 온도로 구워낸 것으로 비와 눈을 막는 등 지붕의 역할을 하였습니다.

지붕을 잇던 재료는 풀이나 짚, 나무 껍질들이었으나 이들 재료는 자주 바꿔 주어야 해서 불편했고 눈과 비를 막는 데도 적당하지 않았습니다.

무엇보다 화재에 무방비 상태였기 때문에 이를 대신할 수 있는 재료가 필요했고, 그래서 나온 것이 기와입니다.

그러나 기와를 만들려면 좋은 흙과 거대한 가마, 땔나무, 그리고 기술공이 있어야 했기 때문에 그 가격이 매우 높았습니다.

당연히 서민들은 접하기 어려운 것이 되었고, 궁궐이나 사찰, 고관의 집 등에 주로 사용되었습니다.

예로부터 '고래등 같은 기와집' 하면 부자를 가리켰는데, 그만큼 기와집은

서민이 넘보기 어려운 '부'와 '권위'의 상징이기도 했습니다.

기와

기와의 종류는 많습니다. 우선 기본 기와로 수키와와 암키와가 있고, 처마 끝에 사용되는 막새가 있으며, 서까래에 사용한 서까래 기와, 용마루 등에 사용한 마룻기와, 그리고 담장, 무덤 등 지붕 이외의 곳에 사용한 특수 기와가 있습니다.

일반적으로 가장 많이 사용된 수키와와 암키와는 지붕에 이어져 기왓등과 기왓골을 이루는 기본 기와로, 그 명칭은 동양 정신의 기본인 음양의 원리에서 비롯된 것입니다. 수키와는 원형으로 만들어 이등분한 반원형이고, 암키와는 원통형으로 만들어 사 등분한 것입니다.

이들 기본 기와의 한쪽 끝에 문양을 새긴 드림새를 덧붙여 처마 끝에 사용한 것이 막새기와입니다. 막새기와에는 여러 가지 문양을 새겼는데, 삼국 시대 이래로 막새에 가장 많이 등장한 연꽃 무늬는 불교의 오랜 영향을 잘 보여줍니다.

서까래 기와는 처마 끝에 나와 있는 서까래가 썩는 것을 막아줌과 동시에 장식을 하기 위해 사용한 것입니다.

조선 시대에 이르러서는 서까래 기와 대신 **단청**을 입히는 것이 크게 유행했습니다.

이런 뜻이 있어요!

• **단청** : 집의 벽이나 기둥, 천장 등에 여러 가지 색으로 그림이나 무늬를 그리는 것을 말한다.

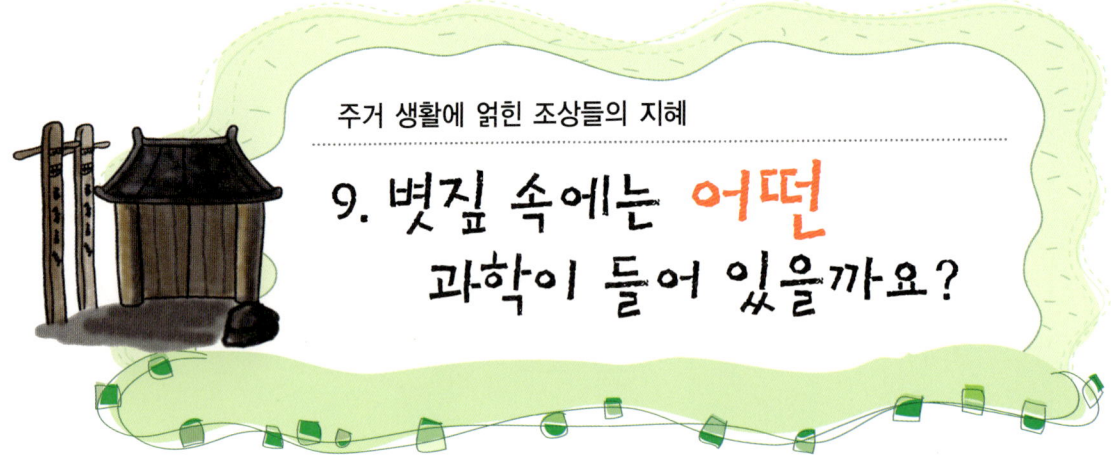

주거 생활에 얽힌 조상들의 지혜

9. 볏짚 속에는 어떤 과학이 들어 있을까요?

볏짚이라는 것은 벼 알을 모두 털어 내고 난 벼의 마른 줄기와 잎을 말하는 것이므로 별로 사용할 곳이 없을 것 같이 보이지만 실제로는 대단히 많은 곳에서 사용되고 있어 우리 조상들에게는 없어서는 안 될 생활의 재료였습니다.

이 사실을 정확하게 파악한 조상들은 볏짚을 소중하게 여기고 생활의 필요한 곳에 활용하였답니다.

볏짚을 이엉으로 엮어서 초가지붕을 덮으면 빗물이 방 안으로 흘러 들어오는 것을 막는 한편 집안의 보온에도 도움을 주었습니다.

볏짚을 언제부터 지붕에 덮기 시작하였는지 꼭 집어서 말할 수는 없으나 벼 농사가 시작된 삼국 시대에 이미 이것을 사용했으리라고 추측하고 있습니다.

볏짚은 속이 비었기 때문에 그 안에 공기가 많이 들어 있으므로 여름철에는 내리쬐는 햇볕을 감소시키고, 겨울철에는 찬바람을 막아주어 집안의 따뜻한 기온이 밖으로 빠져나가지 못하게 해 줍니다.

그리고 겉이 비교적 매끄러워서 빗물이 잘 흘러내리므로 지붕을 두껍게 덮지 않아도 안으로 스미지 않습니다.

따라서 볏짚으로 덮은 초가지붕은 볏짚 자체가 지닌 보온 성질 때문에 겨울에는 따뜻하고 여름에는 시원합니다. 이는 부드럽고 푸근한 느낌을 주며, 한 해에 한 번씩 새 볏짚으로 바꿔 줌으로써 언제나 깨끗한 모습을 유지할 수 있습니다.

이 밖에도 볏짚으로 꼰 줄을 새끼라 하는데 이것으로 물건을 묶기도 하고 부정한 사람의 출입을 막는 금줄을 치기도 합니다.

또 짚으로 새끼를 가늘게 꼬아서 가마니틀에 매어 곡식을 담는 가마니를 만들기도 하고 가는 새끼를 이용하여 곡식을 널어 말리기 위한 멍석과 삼태기도 만들어 썼습니다.

뿐만 아니라 가는 새끼줄을 꼬아서 짚신을 만들어 신고 먼 길을 다니기도 했으며 비옷은 물론이고 채소를 갈무리한 다음에 눈비를 막아주는 움막을 만들기도 했습니다.

또 메주를 만들어 띄우는 데도 짚이 들어갔으며 청국장의 발효가 잘 되도록 돕고 있는 고초균이 특히 볏짚에 많이 있으므로 청국장을 볏짚으로 덮어

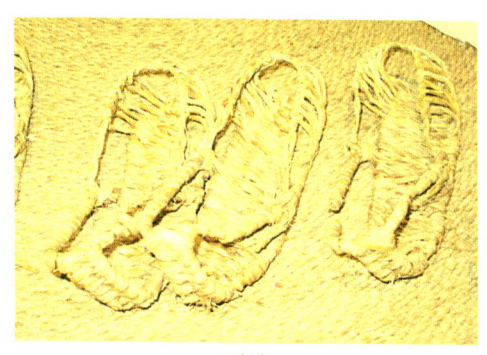
짚신

볏짚

볏짚 활용 사례

초가집

새끼줄

가마니

짚신

비옷

볏짚은 보잘 것 없어 보일지 모르지만 정말 많은 용도로 사용되었어.

볏짚의 쓰임새가 이렇게 다양하다니… 놀랍다!

발효시켰습니다.

 이처럼 조상들이 벼를 거두고 난 뒤의 볏짚을 생활의 구석구석까지 이용한 것은 단순히 짚이 구하기 쉽고 많기 때문만은 아닙니다.

 우선 짚은 그 성질이 부드러우므로 사람들이 원하는 대로 모양을 만들 수가 있으며 하나하나는 연약하고 질기지 않으나 여러 개를 섞어서 사용하면 생각보다 훨씬 질긴 성질을 가지고 있습니다.

 뿐만 아니라 짚으로 만들어 사용하던 생활용구들은 오래 사용해서 낡고 쓸모가 없게 되면 퇴비가 되어 다시 농작물을 기르는 데 도움을 주므로 흙 속으로 다시 돌아간다고 할 수 있습니다.

 요즘 편리한 플라스틱 제품들이 홍수를 이루고 이를 각 가정에서 사용하면서도 낡은 것을 제대로 수거하지 않아서 환경오염을 일으키는 것에 비하면 얼마나 과학적이고 친환경적인 재료입니까?

 조상들은 이처럼 한 가지의 원료도 자연을 생각하고 도움을 주는 생활용품으로 활용하는 깊은 지혜를 가지고 있었던 것을 알아야 합니다.

초가집

의복에 얽힌 조상들의 지혜

의복에 얽힌 조상들의 지혜

1. 옷감은 어떻게 염색하였을까요?

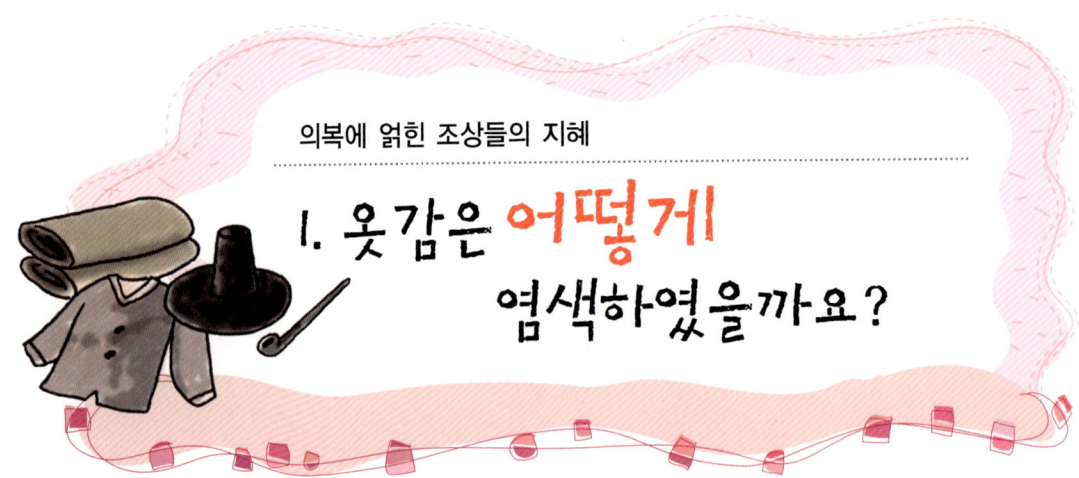

　오늘날에는 화학 약품을 이용해서 만들어진 여러 가지 합성 색소들과 화학 섬유들이 유행을 주도하고 있습니다.

　조상들의 경험을 바탕으로 오랜 기간 동안 발전시켜 온 염색 기술은 과학의 발달로 인하여 갖가지 염색 공장들이 들어서면서 우리의 주변에서 슬그머니 사라져 버리고 말았습니다.

　우리 조상들은 계절이 바뀔 때마다 새롭게 돋아나고 피어나는 풀과 꽃들의 생태를 관찰하여 염색 재료로 이용할 수 있는 것을 스스로 터득하였고 계절에 맞는 색깔들을 자연 속에서 찾아내어 옷을 만드는 천에 물을 들여 입었습니다.

　소나무 껍질에서 붉은색을 찾아내었고, **황련 뿌리**에서 진한 노란색을 뽑아썼으며, **울금 뿌리**에서는 연노랑을 이용하는가 하면, 치자나무에서는 전형적인 노란색을 찾아내어 활용했습니다.

또 감이나 밤, 수수에서는 가을색인 갈색 계통의 색소를 이용하였고, 그 밖에도 **홍화**나 오미자, 쪽풀 등 자연에서 모든 색소를 뽑아내어 은은하면서도 맑고 친근감 있는 아름다운 색을 내었습니다.

이와 같은 천연 염색 재료들은 대부분 한약재로도 쓰이는데 썩지 않고 벌레가 달려들지 못하므로 옷감을 더욱 오랫동안 보존해 주는 역할까지 겸하였습니다.

오늘날에는 아쉽게도 이러한 근본적인 특징이나 성질을 잘 개발하지 못하고 화학 색소를 대량으로 사용하고 있는 실정입니다.

특히 치자는 무공해 천연 식용 색소로 옛날부터 많이 사용해 왔는데, 지금도 시골에 가면 노랑 색깔을 낼 때 치자를 이용하는 가정을 흔히 볼 수 있습니다.

이 중 파란빛을 내는 쪽빛은 가장 으뜸으로 치는 빛깔로, 우리의 정서를 듬뿍 담고 있습니다.

파란빛을 내려면 먼저 쪽풀을 3월경에 심어 8월 중순경 이른 새벽에 베어야 하는데, 그것은 파란색의 고유한 색깔을 얻기 위한 것입니다. 그 다음에는 베어 온 **쪽풀**을 큰 항아리에 꼭꼭 눌러 넣고 냇물과 함께 일주일 동안 삭힙니다.

이때의 물은 깨끗한 냇물을 사용하는데, 그 이유는 냇물의 산성도가 쪽물을 우려내는 데 가장 좋기 때문입니다. 물의 성질까지도 경험으로 알아낸 것입니다.

다음으로 물에 녹아 있는 쪽빛 색

쪽물 들이는 과정

천연 염색이 완성된 옷감

소를 끌어모으는 일은 석회가 하는데, 석회는 조개 껍질을 옹기에 넣어 1,800℃ 이상의 가마불에 구워 만들어 냅니다. 이렇게 만들어진 석회를 쪽풀 삭힌 물에 정확한 비율로 섞어 고무래(긁어 모으는 데 쓰는 기구)로 2시간 정도 저어 줍니다.

이때 같은 방향으로 일정한 힘을 들여 고무래질을 하여야 염색의 가장 중요한 파란색 거품이 일게 됩니다. 만약 고무래질이 일정치 않으면 색깔이 배어 나지 않게 되고, 꽃 거품이 일지 않으면 염색이 안되며, 석회의 배합 비율이 맞지 않으면 염색을 하더라도 곧 탈색되거나 색깔이 빠지게 됩니다.

꽃 거품이 일어난 지 이틀 뒤 석회가 색소를 머금고 가라앉으면 위에 떠 있는 맑은 물을 쏟아 내고, 여기에 쪽대와 콩대를 태워 만든 잿물을 정확한 비율로 섞어 약 60일 동안 가끔씩 저어 줍니다. 그러면 석회와 쪽물 색소가 분리되는데 이것을 쪽이 '잠에서 깨어난다.' 라 하기도 하고, 또는 '물발 섰다.' 라 하기도 합니다. 즉, '물발 섰다.' 라는 것은 이제 염색이 가능하다는 이야기입니다.

맑은 날 분리된 쪽물로 열 번 정도 계속 물을 들이고 나서 말린 다음, 흐르는 냇물에 길게 늘어뜨려 불순물을 제거하고 말리게 됩니다. 그러면 우리 겨레의 고유한 색인 쪽빛이 자연스럽게 염색이 됩니다.

염색 과정에서 보듯이 우리 조상들은 요즘 우리가 거들떠보지도 않는 주변의 풀, 꽃, 조개 껍질, 냇물, 잿물 등을 이용하여 예쁜 색을 만들어 냈으며,

그 응용 기술 또한 뛰어났음을 알 수 있습니다.

즉, 우리 조상들의 지혜는 자연과 어우러진 주변의 일상생활 속에서 얻어낸 경험의 결과입니다.

오늘날 화학 염료와 화학 옷감이 가져다 주는 공해가 대단히 심각한 지경에 이르렀는데 이미 조상들이 개발한 건강에 좋고 공해가 없는 천연 옷감과 천연 염색 기술을 현대의 첨단 기술과 접목시켜 대중화한다면, 다른 나라의 어떤 기술에 못지 않은 세계의 기술로 발돋움할 수 있을 것이라 생각합니다.

이런 뜻이 있어요!

- **황련 뿌리** : 황련 뿌리의 즙에 물을 넣고 산을 첨가하여 염색한다. 예로부터 황련 뿌리는 약재로 많이 사용하며, 즙을 만들어 쓰기도 한 염기성 염료이다.
- **울금 뿌리** : 우리나라에서 옛날부터 울금 또는 심황이라고던 불리는 직접 염료이다. 또한 울금은 카레의 원료로 인도에서 유명한 재료이다. 생강과의 다년생 식물인 울금의 뿌리를 찢거나 물에 우려낸 용액으로 염색한다.
- **홍화(紅花)** : 잇꽃·잇나물이라고도 한다. 홍화는 꽃잎을 그대로 또는 삭혀서 체로 거른 용액에 끓는 물을 부어 황즙을 제거한 후, 잿물을 넣어 처음 물은 빼 버리고, 다시 끓는 물을 부어 우러난 물을 받는다. 이 용액이 홍색이 되면 오미자즙을 넣어서 염욕을 만들고, 천을 담가 50~60℃ 온도에서 원하는 농도가 될 때까지 염색을 한다.
- **쪽풀** : 인도가 원산지이며, 우리나라에서 재배되고 있는 쪽풀은 마디풀과의 1년생 초본이다. 쪽 염색에는 생쪽잎을 이용하여 염색하는 방법과 쪽잎과 줄기를 발효시켜 얻어지는 발효 쪽을 이용하여 염색하는 2가지 방법이 있다. 쪽염은 알칼리에 의해 환원되는 염료이기 때문에 변색하지 않고 일광에서도 강하여 세계 어느 곳에서도 납염하지 않는 곳이 없다.

의복에 얽힌 조상들의 지혜

2. 옷감의 때는 어떻게 뺐을까요?

요즘처럼 비누, 샴푸, 주방 세제 등이 없던 시절에 우리 조상들은 무엇을 이용해서 때를 뺐는지 생각해 봅시다.

세제가 없던 시절에는 나무 태운 재를 물에 우려낸 다음, 걸러서 만든 잿물과 삭은 오줌을 섞어서 옷감의 때를 빼는 세제로 사용하였습니다.

중국의 고전에 집집마다 오줌으로 손을 씻고 세탁을 했다는 기록이 있는 것으로 보아, 아주 오래 전부터 이 방법을 이용한 것으로 보입니다.

조선 시대 여인들의 생활 지식을 수록한 《규합총서》라는 책에도 오줌과 잿물로 빨래를 했다는 기록이 전해 오는데, 잿물은 주로 **면**이나 **마**로 된 옷감의 때를 뺄 때 사용했습니다.

이 같은 사실을 오늘의 과학적인 면에서 보면 잿물에 들어 있는 **탄산칼륨**과 오줌에 들어 있는 암모니아가 화학 작용을 일으켜 찌든 때를 없애 주는 세정 작용을 한 것입니다.

　과학이 발달하지 못했던 그 옛날에 우리 조상들은 이미 그런 사실들을 경험을 통해서 알고 있었던 것입니다.

　값이 비싸고 귀중한 옷감인 명주에는 콩가루나 녹두 가루를 사용했는데, 이 가루들은 더러움이 날아가게 하는 가루라 하여 '비루'라 불렀습니다.

　오늘날의 '비누'라는 단어는 여기서 비롯된 것으로 여겨집니다. 그래서 옛날의 부잣집 여인들은 이 가루로 손이나 얼굴을 씻기도 했습니다.

　콩가루나 녹두 가루 외에도 '조두'라고 하는 녹두와 팥 등을 갈아서 만든 가루비누가 있었는데, 때를 빼는 작용뿐만 아니라 피부 색깔을 하얗게 하는 효과도 매우 뛰어났습니다.

　그래서 궁궐에 사는 궁녀들은 얼굴이 예뻐지고 싶은 마음에 너도나도 조두를 애용했고, 그 결과 경복궁에서 흐르는 금천의 물이 항상 뿌연 색이었다고 합니다.

　특히 정월 초하룻날에 조두로 세수를 하면 얼굴이 희어진다고 하여 옛 여인들은 이날 1년 동안 쓸 분을 미리 만들어 두기도 했습니다.

　조두를 만들 형편이 안 되는 집에서는 콩깍지 삶은 물이나 고운 쌀겨를 무명 주머니에 담아 대신 쓰기도 했습니다.

　옛날에는 살결이나 머릿결이 좋은 여자를 보면 '방앗간 집 딸'이라 비유해서 말하기도 했는데, 이는 방앗간에서는 언제든지 쌀겨를 충분히 구할 수 있

었기 때문에 나온 말입니다.

  또 잿물에 **여뀌**의 즙과 밀가루를 넣어서 만든 '석감'이라는 것도 널리 사용되었는데, 1930년대까지 비누를 '석감'이라 부르기도 했습니다.

  흔히 우리가 양잿물이라 부르는 가성소다를 사용한 시기는 조선 후기입니다.

  그리고 새로운 비누를 처음 알려 준 사람은 조선 효종 때 하멜이라는 네덜란드 사람입니다.

  1901년 프랑스인 리델이 쓴 《서울 옥중기》에 비누 얘기가 나오는 것으로 보아 서양식 비누는 이때 처음 들어온 것이 아닌가 추측됩니다.

비누

이런 뜻이 있어요!

- **면** : 목화에서 뽑은 실을 말한다.
- **마** : 삼베, 모시, 아마 등의 섬유를 말한다.
- **탄산칼륨** : 탄산칼리라고도 하는데, 식물을 태운 재 속에 포함되어 있다.
- **여뀌** : 습지 또는 냇가에서 자라며 높이는 40~80cm이다. 털이 없으며, 가지가 많이 갈라진다. 잎은 매운맛이 나며 조미료로 쓰이기도 한다.

의복에 얽힌 조상들의 지혜

3. 조상들은 누비옷을 왜 입었을까요?

  한복은 나이 정도만 알고 만들면 누구에게나 맞는 의복입니다. 한국의 모든 어머니들은 되물림되도록 옷을 항상 크게 만들었는데, 아버지가 입던 옷을 아들이 입고, 또 그 옷을 동생이 물려 입었습니다. 이를 '옷 물림한다.'라고 표현합니다.

  어머니가 시집갈 때 가져간 누비바지는 혼기가 찬 딸에게 옷 물림이 되는데, 큰딸이 시집가면 둘째 딸에게, 그리고 그 다음으로 이어져 막내딸까지 옷 물림이 됩니다. 그 딸마저 시집간 다음 누더기가 된 누비바지는 마지막으로 걸레로 쓰이게 되는데 걸레질할 때마다 시집간 딸들을 생각하는 한국적 어머니의 마음과 절약 정신이 그대로 배어 있는 정이 깃든 옷입니다.

  보온은 물론 통풍 기능까지도 훌륭했던 누비옷은 우리 민족이 오랫동안 입어 온 대표적인 겨울 의복이자 사랑이 담긴 옷입니다.

  누비는 두 겹의 옷감 사이에 솜을 넣거나 부드러운 섬유류나 조류의 작은

누비의 활용

호신용 갑옷

보자기

담배 주머니

누비옷

깃털 등을 넣고 이것들이 한곳으로 뭉치지 못하도록 고정시키는 방법으로, 옷 전체를 촘촘히 바느질한 것을 말합니다.

누비옷은 기원전부터 몽골·중국·티베트 등 아시아권에서 사용되기 시작하여 점차 세계적으로 확산되었습니다.

우리나라의 전통 누비는 바늘 한 땀 한 땀이 여인들의 손 작업으로 이루어지는 손누비가 제일 성행하였습니다. 몸을 보호하기 위한 호신용 갑옷과 더운 음식을 식지 않게 하거나 도자기 같이 중요한 물건을 보호하는 데 사용되었던 누비 보자기 또는 담배, **부싯돌** 같은 소지품을 담아 보관하던 누비 주머니에 이르기까지 누비는 생활 전반에 폭넓게 활용되었습니다.

우리나라에서 누비가 언제부터 사용되었는지 구체적으로 알 수는 없으나 기후 풍토와 옷감 생산 수준으로 미루어 천의 발명과 함께 사용되었을 것으로 보입니다. 이를 통해 보면 무명(무명실로 짠 실)이 전래되기 이전에도 방한용이나 호신용 또는 종교용 의복으로 누비가 사용되었음을 알 수 있습니다.

누비가 일반인에게 전래된 것은 승려들이 헤어진 옷을 기워 입은 것을 일반인들이 따라하면서부터라 하는데, 조선 초 목화 재배가 성공하자 목화솜을 넣은 방한용 누비의 시대가 열리게 되었습니다.

누비는 동일한 두께의 직물보다는 보온 기능과 강도가 뛰어나 왕실용 방한복부터 일반인들의 방한복에 이르기까지 다양하게 사용되었습니다.

누비의 종류도 다양한데 누벼진 바느질의 간격에 따라 잔누비와 중누비, 그리고 드문누비로 나누어집니다.

잔누비는 간격이 0.5cm 정도이고, 중누비는 2.5cm 정도, 드문누비는 5.0cm 정도의 간격으로 구분하였습니다.

전래되는 유물들의 누비 간격은 0.3cm부터 10cm가 넘는 다양한 형태를 보여주고 있는데, 솜 또한 얇은 것부터 5cm가 넘는 방한용 바지솜까지 다양합니다. 두터운 누비일 경우에는 드문누비로 간격을 띄워 누벼 주었습니다.

누비에 쓰이는 바느질은 주로 홈질이며, 명주 천을 으뜸으로 칩니다.

홈질은 두 겹의 옷감을 포개어 안과 밖을 번갈아 가면서 꿰매 주는 바느질법으로, 바늘땀이 고르고 빗나감이 없으며 안과 밖이 동일하게 맞춰져야 표면이 매끈하게 됩니다.

조선조 23대 순조의 삼녀 덕온 공주의 누비삼회장저고리와 고종의 누비저고리를 보면 0.3~0.5cm의 잔누비로 되어 있습니다.

특히 공주의 저고리는 겉감이 노란색의 천에 안감은 다듬이한 모시로 하였는데, 솜을 사용하지 않고도 오목누비로 만든 걸작품이라 합니다.

이 공주의 저고리는 왕실에서 사용하던 봄·가을용 누비옷의 하나인데, 그 정확하고 세밀한 솜씨에 놀라지 않을 수 없습니다.

아기가 입을 배냇저고리도 도톰하게 솜을 넣어 누비로 만들었고, 저고리나 바지, 치마 등도 누비로 하는 경우가 많았습니다.

우리 옷은 더러워지면 다시 재단 상태로 뜯어서 빨고 풀해서 다듬이한 후에 새로 지어 입어야 했지만, 누비옷은 한번 지어 입으면 평생 헤어질 때까지 그대로 입었기 때문에 실용적인 측면도 있습니다. 반듯한 누비옷을 짓기 위해서는 잡념을 버리고 정신을 한곳에 모아 한 땀 한 땀 정교하게 바느질해야 합니다. 이러한 정성으로 우리의 어머님들은 가족의 누비옷을 준비하였는데, 식구들은 옷을 입는다기보다 정성을 입고 겨울을 났던 것입니다.

한 땀 한 땀 어머니의 마음처럼 누비옷은 소중한 의복 문화뿐만 아니라 현대인의 인격 수양을 위해서도 꼭 전승 발전되어야 할 문화유산입니다.

이런 뜻이 있어요!

• **부싯돌**: 차돌 또는 화석(火石)이라고도 하는데 회색·갈색·흑색 등 여러 가지 빛깔이 있으며 반투명하거나 불투명하다. 불을 일으키는 데 사용한다.

의복에 얽힌 조상들의 지혜

4. 삼베 속에는 어떤 비밀이 숨어 있을까요?

삼은 주로 온대지방과 열대지방에서 자라는 1년생 식물입니다. 삼베는 삼이라는 식물의 껍질을 벗긴 다음 이것을 가늘게 찢어 베틀에서 짠 천을 말하는 것입니다.

삼베의 까끌까끌한 성질로 인해 땀이 많이 나는 여름에도 삼베옷을 입으면 옷이 몸에 달라붙지 않습니다. 뿐만 아니라 삼베로 지은 옷을 입으면 몸에서 나오는 땀을 흡수하여 공기 중으로 배출하므로 외부 기온보다 섭씨 약 5도 정도 기온을 낮출 수가 있습니다.

이처럼 삼베는 자유롭게 수분과 열을 조절하는 특성을 갖추고 있으므로 목화로 만든 면섬유보다 약 20배나 빠르게 수분을 빨아들이기도 하고 밖으로 내보내기도 합니다.

뿐만 아니라 삼베는 자외선을 차단하며 곰팡이를 억제하는 항균성과 항독성의 옷감이기 때문에 옛날부터 죽은 사람의 옷으로 널리 이용하였습니다.

조상들이 누런 삼베를 수의로 사용하게 된 까닭은 삼베가 항균 기능이 있다는 것을 오래전부터 알고 있었기 때문입니다. 삼베를 수의로 사용하면 시신의 뼈는 땅속에서도 썩지 않고 건조되어 그대로 남아 있습니다.

실제로 물에 적신 삼베 행주와 면 행주를 오랜 시간 따뜻한 곳에 놓아 두면 면 행주에서는 곰팡이 균이 발생하여 쉰 냄새가 나지만 삼베 행주에서는 전혀 냄새가 나지 않는 것을 실험으로 알 수가 있습니다.

이처럼 삼베를 행주로 사용하거나 생선을 건조할 때 덮어 놓는다거나, 된장이나 고추장 항아리 안을 삼베로 덮어두는 것도 삼베에서 나오는 항균성 때문입니다.

또한 삼베 섬유는 면보다 10배나 더 질기고 단단하므로 옷감뿐만 아니라 로프, 그물 등을 만드는 데도 사용하고 있으며, 최근에는 자동차 타이어의 재료나 플라스틱의 재료로도 쓰이고 있습니다.

그뿐 아니라 삼의 줄기가 종이 펄프 원료로 사용되는데 나무 펄프로 만든 종이보다 두 배의 질긴 성질을 지닙니다.

한편 삼섬유의 이런 특성 때문에 우리나라에서는 삼베를 여름철의 옷으로 많이 입지만 외국에서는 삼베를 여름에는 시원하고 겨울에는 보온성이 뛰어난 사계절 건강 직물로 애용하고 있습니다.

이 밖에도 삼을 이용한 비누와 샴푸까지도 생산되고 있는데 이렇게 우수한 기능을 갖고 있는 삼과 삼베가 왜 요즘에 와서는 널리 사용되지 못하는지 안타까운 일이 아닐 수 없습니다.

특히 우리나라에서 생산된 삼은 품질이 좋아서 아주 섬세하게 쪼개지므로 가는 실을 만들 수 있습니다.

따라서 오늘날 삼베는 귀한 옷감인 동시에 영원한 우리 민족의 직물로 남아있는 것입니다.

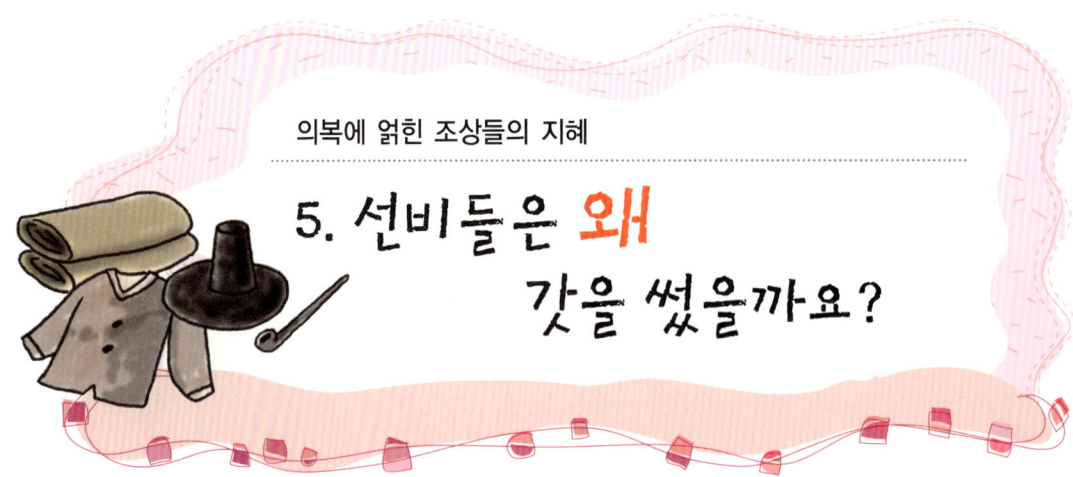

의복에 얽힌 조상들의 지혜

5. 선비들은 왜 갓을 썼을까요?

갓은 조선 시대 사대부의 대표적인 의관의 일종으로 그 실용성보다는 상징성과 예술성에서 뛰어난 물건입니다.

흰 도포에 챙이 넓은 갓을 쓴 모습은 조선 시대 선비들의 멋이자 자부심이었는데, 갓의 형태에 따라 신분을 나타내기도 했습니다.

갓은 머리를 덮는 부분인 모자와 얼굴을 가리는 차양 부분으로 이루어지는데 본래는 햇볕이나 비와 바람을 가리기 위한 실용적인 용구로 쓰였으나 재료, 형태, 제작법이 다양하게 발전하면서 신분이나 위치를 가지는 관모(관리가 쓰는 일정한 규격의 모자)의 형태가 되었습니다.

우리나라의 갓은 그 모양으로 볼 때 모자와 그 모습을 구별하기 어려운 방갓형과 구별이 뚜렷한 패랭이형이 있습니다.

방갓형의 종류에는 삿갓, 방갓, 전모 등이 있고, 패랭이형에는 패랭이, 초립, 흑립, 전립, 주립, 백립 등이 있습니다.

흑립은 패랭이, 초립의 단계를 거치면서 완성된 것으로, 우리나라의 전형적인 갓으로 자리잡아 사대부나 서민 모두에게 널리 이용되었으며, 섬세하고 아름다운 모습으로 고유한 멋을 가장 잘 나타내는 의관(옷차림)이 되었습니다.

갓은 상투 튼 머리에 **망건과 탕건**을 쓰고 그 위에 쓰게 되어 있는데 외출할 때나 의례 행사 등 의관을 갖추어야 할 때에는 반드시 썼습니다.

갓

또한 갓은 검정색이 기본이지만, 그 쓰임에 따라서 색을 달리하기도 하였습니다.

의례를 가장 중요시했던 조선 시대 남자들에게 갓은 위엄과 체통을 상징하는 의미를 가지게 되었고, 그에 따라 갓에 얽힌 여러 이야기는 물론 해학적인 속담들이 생기기도 했습니다.

갓의 역사는 문헌상으로는 《삼국유사》에서 찾아볼 수 있는데, 신라 시대를 거쳐 고려 시대에 와서는 관리들의 관모가 제도화됨으로써 신분이나 관직을 나타내는 척도가 되기도 했습니다.

근대에 들어 1894년 단발령의 시행으로 중절모자가 등장하지만, 사람들은 갓을 계속 착용했습니다.

1895년에는 천민층에도 갓을 쓰도록 허락하고 패랭이 쓰는 것을 금함으로써, 의관 제도에 귀천의 차별이 사라지고 모든 사람들에게 일반화되었습니다.

조선의 갓 문화는 계속 이어져 일제에 항거할 때의 어려운 상황에서도 의관 갖추기를 잃지 않았습니다.

갓은 드높은 남아의 기상을 드러내는 물건이었는데, 지금은 그 모습이 거의 사라져 몇 안 되는 기술자만이 만드는 법을 이어가고 있습니다. 일반인들에게는 그저 볼거리로만 남게 되었지만, 갓이 의미하는 정신적 가치는 우리 민족의 고귀한 문화유산입니다.

이런 뜻이 있어요!

- **망건** : 상투를 튼 사람이 머리카락을 걷어 올려 흘러내리지 않도록 머리에 두르는 그물처럼 생긴 물건을 말한다.
- **탕건** : 벼슬아치가 갓 아래 받쳐 쓰던 머리쓰개의 하나이다.

의복에 얽힌 조상들의 지혜

6. 한복 속에는 어떤 비밀이 들어 있을까요?

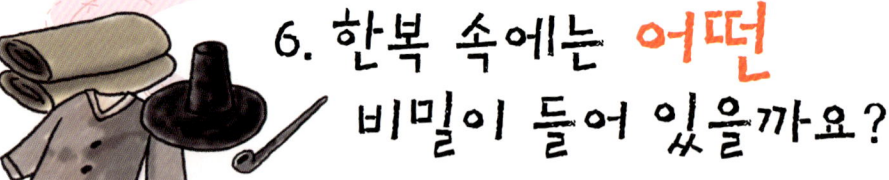

 우리 전통 옷인 한복이 양복이나 다른 나라의 옷과 비교했을 때 가장 눈에 띄는 이유는 멋이 풍겨 나오는 선의 아름다움 때문이라고 합니다.

 저고리 동정은 여인들 목의 아름다움을 더욱 높여 주는데, 이가 맞물리는 V자형 선은 너무도 아름답게 보이며 하얀 동정은 부드러우면서도 깨끗한 느낌을 줍니다.

 또한 저고리 소매의 배래선은 날아가는 백조의 날개 짓과 같이 조용함 속에 힘찬 느낌을 줍니다.

 앞가슴에서부터 시작해 치마까지 내려가는 저고리의 긴 고름은 우리나라 여인들의 조용함과 정숙함 그리고 고결한 느낌을 주기에 충분한 모습이기도 합니다.

 또한 한복은 튀지 않으면서도 입은 사람 몸의 곡선을 간접적으로 보여주는

데, 걸음을 걸을 때마다 흰 버선과 발끝의 하얀 고무신 코를 보일 듯 말 듯 감싸주는 긴 치마의 넉넉함은 한복에서만 볼 수 있는 아름다운 모습인 것입니다.

남자 한복도 역시 입는 사람에 따라 그 느낌이 다르게 나타나는데 대님을 맨 바지나 조끼를 입은 저고리도 한복의 아름다운 선을 그대로 잘 표현하고 있습니다.

이처럼 한복에 나타나는 선의 흐름과 조화에서 선조들의 뛰어난 미적 감각을 느낄 수 있는 것입니다. 그 중에서도 특히 중요한 점은 남녀를 가리지 않고 몸을 감싸는 한복의 포근함에 있습니다.

옷 자체가 넓고 크기 때문에 한복을 입으면 몸을 자유롭게 움직일 수가 있으며 몸의 생김새와 전혀 관계없이 누구나 맵시 있게 옷을 입을 수 있습니다.

서양 옷은 몸에 꼭 맞게 만들기 때문에 몸의 불균형이 그대로 나타납니다. 그러잖아도 정신적 스트레스가 심한 현대인들에게 건강적인 측면에서 보면 권장할 만한 옷차림은 아니라고 하겠습니다.

남자들이 양복을 입을 때 매는 넥타이는 목을 꼭 조이므로 피의 순환을 원활하게 하지 못하게 하고 청바지는 옷감이 질겨서 일을 하거나 아무 데나 앉을 수 있는 편리함은 있으나 입게 되면 몸을 꽉 조이므로 이 또한 건강에 나쁜 영향을 주고 있는 것입니다.

반면에 우리의 한복은 풍성하고 넉넉하게 만들어져 여자의 치마와 남자 바지 모두 몸을 구속하지 않아 일상생활이 자유로우며 여러 겹의

한복

속옷을 겹쳐 입어도 큰 불편 없이 생활할 수가 있는 옷입니다.

　서양 옷이 관절의 움직임을 제한하는 데 반해 한복은 관절 모양에 옷을 맞추기 때문에 활동하기에 편리한 것입니다.

　한복은 어깨 관절을 편하게 하고, 무릎 관절을 자유롭게 굽히고 펼 수 있도록 만들었으므로 한복을 입고 자동차 운전을 해 본다면 한복 바지가 하체를 조이지 않는 것이 관절에 무리를 주지 않고 편한 자세를 만들어 준다는 것을 느낄 수 있을 것입니다.

또한 한복은 옷과 몸 사이에 충분한 공기층을 만들어 단열효과가 생기기 때문에 추울 때에는 따뜻하게 지낼 수가 있으며 더울 때에는 선선하게 생활을 할 수 있다는 장점이 있습니다.
 날씨가 추운 날에 몸에 딱 맞는 운동복을 입었을 때와 같은 두께의 한복을 입었을 때를 비교해 보면 운동복을 입었을 때보다 훨씬 추위를 덜 느끼게 되는 것을 알 수 있을 것입니다.
 그리고 한복 바지 대님은 겨울철 밖의 찬 기운을 막아주는 중요한 역할을

하므로 추운 겨울에도 따뜻하게 겨울을 날 수가 있는 것입니다.

그뿐 아니라 한복은 매우 경제적인 옷으로 손질과 관리만 잘해주면 아주 오랫동안 입을 수 있습니다.

그리고 처음에 옷을 만들 때 많은 여유분을 두기 때문에 몸이 변하고 키가 커지더라도 언제든지 새롭게 옷을 고쳐 지을 수 있습니다.

현대의 개량 한복

게다가 한복은 예절을 나타내는 기능도 가지고 있어 한복을 입으면 사람의 마음가짐이나 행동이 점잖아지고 다소곳해집니다.

단정하고 정숙하게 맨 저고리 고름이나 등 뒤트임이 있는 치마는 입는 이의 행동을 더욱 조심스럽게 하기 때문에 걸음걸이나 바른 몸가짐을 더욱 필요로 합니다.

이렇게 아름다운 우리 옷 전통 한복은 우리 조상들의 풍류와 멋을 한껏 느끼기에 부족함이 없는, 세계에 자랑할 만한 멋과 향기가 가득 들어 있는 옷이라 하겠습니다.

그러나 한복은 작업하는 데 불편하고 손질하는 데 많은 시간과 노력을 들여야 입을 수 있는 단점을 가지고 있어 한복이 아름답고 세계적으로 훌륭한 옷임에도 한복을 입는 사람들이 점점 줄어들고 있는 실정입니다.

그러나 불편하다고 생각하는 한복에 우리의 건강을 지켜주는 놀라운 과학이 숨어 있다는 것을 생각하면 손질하는 불편쯤이야 너그러이 받아들여야 하지 않을까 싶습니다.

의복에 얽힌 조상들의 지혜

7. 모시는 어떤 비밀을 가지고 있을까요?

　　모시는 여러해살이풀로 줄기가 곧으면서 키가 2m까지 자라는데 특히 습기가 많고 기후가 따뜻한 곳에서 잘 자랍니다.

　모시풀의 줄기가 갈색으로 변하고 밑에 있는 잎이 시들어 버릴 때가 수확의 적기인데 너무 일찍 베면 섬유가 약하고 또 늦게 베면 모시 섬유가 억세어 좋은 옷감이 되지 못합니다.

　모시풀을 베어서 잎과 옆가지를 모두 떼어버리고, 줄기에 있는 껍질은 대나무로 만든 칼로 끊어지지 않도록 겉껍질을 벗겨낸 후에 남은 속껍질이 모시의 원료인 태모시가 됩니다.

　이러한 태모시를 물에 담갔다가 볕에 말려 표백하는 작업을 여러 번 하여야 좋은 품질의 모시를 얻게 되는 것입니다.

　이렇게 얻은 모시실을 가늘게 쪼개서 베틀에서 짜내는 것이 모시 옷감입니다.

모시

　모시는 가정에서 부녀자들이 베틀에서 오랜 시간을 거쳐서 짜는 것 입니다. 그 방법은 날실이 감긴 도투마리를 베틀의 누운 다리 위에 올리고 바디에 끼운 날실을 빼어 2개의 잉아에 번갈아 끼웁니다.
　그리고 다시 바디에 끼워 '매듭대'에 매고 말코에 감은 후 베틀의 쇠꼬리채를 발로 잡아 당깁니다. 그 후 날실을 벌려 손으로 준비된 씨실꾸리가 담긴 북을 좌우로 엮어서 짜는 것입니다.
　모시는 많은 시간을 들여야 옷감으로 짜여지는데 옛날 우리들의 어머니와 할머니들은 졸음을 참고 밤을 새워 가면서 모시 옷감을 짰던 것입니다.
　모시는 여름철 옷감으로서 통풍이 잘 되어 시원하며 가볍고 깔깔하여 땀이 나는 여름철에 아주 좋은 옷감입니다.
　그러나 값이 너무 비싸기 때문에 넉넉하지 못한 집안에서는 쉽게 지어 입을 수 없을 만큼 고급 옷감으로 속해 옛날에는 법령에서 모시를 사치품으로 규정하여 입지 못하도록 한 적도 있었습니다.
　모시옷은 우아하고 고전미 넘치는 여름철 전통 한복으로 그 용도가 매우 다양합니다.
　특히 고려 시대에는 나라 안의 많은 사람이 모시옷을 입었는데 고운 모시는 상류사회 최고의 여름 옷감으로 쓰였습니다.
　모시 중에서도 세모시는 예로부터 비단보다 더 비싸고 귀한 여름 옷감이었습니다.

모시는 땀이 잘 배지 않고 공기가 잘 통하므로 좋은 가문의 사람들이나 돈이 많은 사람들이 즐겨 입은 옷감이었던 것입니다.

이처럼 세모시의 가장 큰 쓰임새는 더운 여름을 시원하게 보낼 수 있다는 것입니다.

모시 중에서도 올이 곱고 가는 세모시는 고급스러움과 시원함에 있어 너무도 좋은 섬유로서 조상들의 탁월한 지혜에 놀라지 않을 수가 없습니다.

세모시로 유명한 고장은 충청남도 한산 세모시로 널리 알려져 있는데 이곳은 모시풀이 잘 자라는 자연적인 조건을 갖추고 있습니다.

이처럼 모시는 깔깔하고 흡습성이 좋아서 여름철의 쉬한 옷감으로 꼽히지만 빨고 풀을 먹여 만지고 다리는 여인들의 정성이 있느냐 없느냐에 따라 경쾌한 옷이 되기도 하고 후줄근한 옷이 되기도 합니다.

또한 모시는 입는 사람의 조심성 여부에 따라 그 모양이 달라지는데 탄성이 좋지 못하여 잘 구겨지는 단점 때문에 입는 것이 귀찮은 듯하나 고운 모시 옷을 입고 조심하는 버릇이 몸에 배면 더욱 의젓한 행동을 하게 될 것입니다.

일상생활에 관련된 조상들의 지혜

일상생활에 관련된 조상들의 지혜

1. 옻칠 속에 어떤 지혜가 숨어 있을까요?

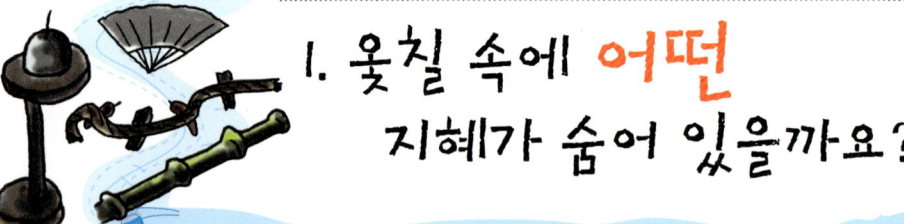

옻칠은 일찍이 서양에서 볼 수 없는 동양 특유의 칠로서, 옻의 독기는 인체에 발생하는 갖가지 질병을 다스려 무병장수하게 하는 효과가 있습니다.

그래서 예로부터 우리 선조들은 옻나무를 이용한 생활용품을 애용해 왔습니다.

선사 시대부터 생활 도구나 무기류, 농기구 등을 만드는 데 나무가 널리 이용되었으나, 나무는 만들고 쓰는 과정에서 갈라지고 터지는 등의 결함이 나타나 이를 보완할 수 있는 재료가 필요하게 되었습니다.

이에 방수 효과 및 내열성이 강한 옻칠을 사용하게 되었던 것입니다.

나무로 만든 생활 도구나 무기류 등에 옻칠을 하게 되면 표

면에 견고하고 단단한 막이 형성
될 뿐 아니라 광택이 나고, 오랫동
안 사용하여도 변하지 않아, 옻칠
은 목기류의 보존 및 **내구성**이 우
수한 천연 **도료**로서 인정받게 되
었습니다.

옻칠

이러한 특성 때문에 동양에서는
4,000년 전부터 칠기 문화가 발전하게 되었고, 단순한 생활 도구뿐 아니라
각종 예술품, 금속이나 목공 도장용, 칠기류 등에 많이 사용되었습니다.

우리 선조들이 오래전 사용한 옻은 옻나무에서 채취한 천연 도료로서 공해
물질을 전혀 만들지 않습니다.

옻칠을 하는 데 사용되는 것은 페인트에 사용되는 시너와는 전혀 다른 천
연 식물성 기름이기 때문에 칠 조건도 훨씬 좋습니다.

옻칠은 외부 습도의 변화에 따라 흡수 또는 방출을 하는 특성을 갖고 있습
니다.

또한 옻칠은 산이나 알칼리에 녹지 않으며 열에 강하고 습기를 빨아들이지
않아 썩는 것을 방지하고 벌레의 침입을 막는 효과가 뛰어나 가구, 칠기, 공
예품 등에 널리 사용되고 있습니다.

이처럼 옻의 우수한 성질 때문에 해저 케이블선, 선박, 비행기, 각종 기기
등 무공해 산업 도료로 이용 범위가 확대 적용될 수 있습니다.

국보 32호인 팔만대장경에서 옻칠의 이러한 특성을 찾을 수 있습니다.

팔만대장경이 700년이라는 세월에도 훼손되지 않고 경판을 그대로 보존
할 수 있었던 데에는 여러 가지 이유가 있지만, 그 중에서도 옻칠의 내구성
이 한 몫을 단단히 했다고 볼 수 있습니다.

옻칠은 산이나 알칼리에 녹지 않고 열에 강할 뿐만 아니라 습기도 빨아들이지 않아 각종 목기류에 널리 사용되었어.

게다가 잘 썩지도 않고 벌레도 막아주니 4000년 전부터 사용되었던 이유를 알겠어.

팔만대장경의 목각판 표면에 진한 먹을 바르고, 그 위에 목각판이 썩지 않게 옻칠을 두세 차례 칠해 700년 동안 목판의 **부식**을 막아왔던 것입니다.

대장경 목각판 위에 한 옻칠은 생칠이라 하여 옻나무에서 직접 채취한 수액으로, 말 그대로 어떠한 가공이나 약품 처리를 하지 않아 칠을 영구히 보존하는 데 이용됩니다.

그 밖에도 옻나무는 건강 식품의 재료로 각광받고 있습니다.

《동의보감》에 보면 '마른 옻나무는 성질이 따뜻하고 어혈을 풀어 주는데, 독이 조금 있으며 또 골수를 충족시켜 주며 몸을 따뜻하게 한다.'고 기록되어 있습니다.

봄에 옻나무의 어린 싹을 칠순채라 하여 데쳐서 나물로 사용하는데 강장과 위장, **어혈**, 부인병, 구충 등 민간약으로 중요하게 사용되기도 했습니다.

실제로 한의학에서도 옻나무는 복강 내의 **종양성 질환**에 특효가 있으며, 난소나 자궁의 종양과 위암에 효과가 있다고 밝히고 있습니다.

이와 같이 다양한 쓰임새를 지닌 옻칠은 공예품이나 약용 등에 쓰이는 단순 재료가 아닌 우리 겨레의 과학성과 실용성이 담긴 훌륭한 천연 도료인 것입니다.

이런 뜻이 있어요!

- **내구성** : 물질이 변하지 않고 오래 견디는 성질을 말한다.
- **도료** : 물건의 표면에 칠하여 썩지 않게 하는 물질을 말한다.
- **부식** : 물건의 표면이 썩거나 변화되는 것을 말한다.
- **어혈** : 무엇에 부딪쳐 퍼렇게 피가 맺힌 상태를 말한다.
- **종양성 질환** : 세포가 변화를 일으켜 쓸모 없는 덩어리로 발전하는 병을 일컫는다.

일상생활에 관련된 조상들의 지혜

2. 뚝배기는 어떻게 사용했을까요?

속담에 '장맛은 뚝배기'라는 말이 있듯이, 뚝배기는 우리의 식생활과 매우 밀접한 관계를 맺고 있는 흙으로 만든 그릇입니다.

뚝배기와 같은 그릇이 발달하게 된 것은 우리 민족이 국을 잘 먹는 음식 문화이기 때문입니다.

질그릇은 잿물을 입히지 않고 600~700℃ 사이에서 구워 **연막**을 입혀 겉이 푸석하고 윤기가 없는 반면, 뚝배기는 잿물을 입혀서 1,200℃ 이상의 고온에서 구웠기 때문에 윤기가 있고 두드리면 강한 쇳소리가 납니다.

뚝배기는 고온에서 구울 때 그릇의 내부에 있던 수증기가 증발되어 그 증발 통로나 자리가 그릇 내부에 존재함으로써 그릇 밖의 공기와 내부의 공기가 서로 순환할 수 있는 구조로 만들어져 있습니다.

그러므로 된장 등과 같은 양념류나 음식 등을 담아 두어도 부패가 되지 않고 벌레도 잘 생기지 않습니다.

또한 물이나 음식 속에 들어 있는 각종 오염 물질 등을 흡수하기도 합니다.

특히 뚝배기는 불에 강하여 직접 불 위에 올려놓고 음식을 끓이면서 먹을 수 있으며 보온성이 매우 뛰어납니다.

요즘의 금속제 냄비처럼 쉽게 끓지는 않지만, 일단 끓고 나면 그 열이 오래 지속되기 때문에 된장찌개나 곰탕 등과 같은 음식을 담아 먹는 데 적당합니다.

우리 전통 음식은 염분이 많고 다양한 첨가물을 넣어 만들게 되는데, 금속으로 만든 그릇의 경우 이 과정에서 금속의 **부식**이나 **산화**로 인하여 인체에 해로운 물질이 생기기도 합니다.

그러나 뚝배기는 화학적으로 매우 안정적이기 때문에 인체에 해롭지 않은 매우 안전한 그릇입니다.

투박하게 생겨서 비위생적으로 보일지 모르나 요즘의 위생 그릇이나 **바이오 세라믹** 그릇과 같은 첨단 그릇에 못지 않은, 우리 겨레의 정서와 과학적인 슬기가 담겨 있는 그릇입니다.

그러므로 우리의 건강한 삶과 문화는 우리 고유의 그릇에서 찾아야 한다는 사실을 잊어서는 안되며, 이를 활용한 새로운 재료의 개발에 더 많은 노력을 기울여야 합니다.

이런 뜻이 있어요!

- **연막** : 짚이나 나무를 태울 때 나는 연기를 말한다.
- **부식** : 금속 등의 표면이 변화하는 현상을 말한다.
- **산화** : 어떤 물질이 산소와 결합하여 나오는 반응을 말한다.
- **바이오 세라믹** : 고온으로 열처리하여 만든 무기질 고체로, 특히 생체의 대용물로 이용한다.

일상생활에 관련된 조상들의 지혜

3. 접착제를 어떻게 구했을까요?

요즘 학용품을 파는 문방구에 가면 일반 풀에서부터 강력한 접착제에 이르기까지 다양한 풀들을 볼 수 있습니다. 접착하는 대상에 따라 적당한 풀을 선택하여 활용하는 것입니다.

풀은 접착력이 높은 화학 물질을 합성한 뒤 액체 상태로 만들어 풀질을 하였을 때 서서히 굳는 화학 본드 종류와 장기간 보존을 위하여 일반 녹말풀에 방부제(썩는 것을 막기 위해 쓰이는 재료)를 섞어 만든 풀로 구분됩니다.

이러한 풀들은 인체에 해로운 여러 가지 독성 물질을 가지고 있기 때문에 사용과 취급에 특별한 주의가 필요합니다.

지금과 같은 풀이 등장하기 전에 우리 선조들은 자연물에서 얻어낸 물질로 무공해 풀을 만들어 사용하였습니다.

전통 풀은 풀의 원료에 따라 동물성과 식물성 접착제로 나누는데 대표적인 동물성 접착제로는 아교풀와 부레풀이 있고, 식물성 접착제로는 해초풀과

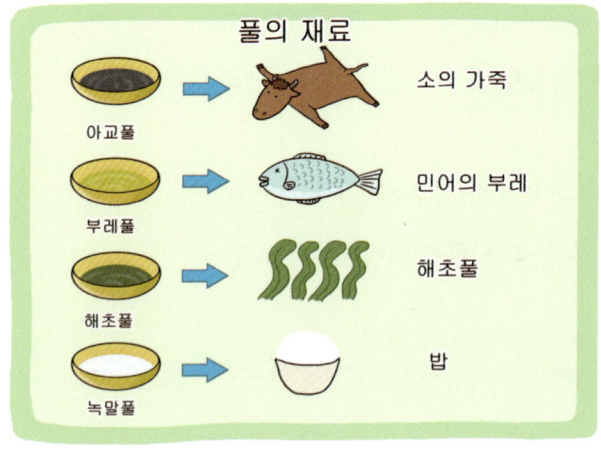

녹말풀이 있습니다.

　아교풀은 소의 가죽을 고아 추출된 젤라틴을 응고시켜 딱딱하게 만들어 보관하였다가, 이 아교를 적당한 크기로 잘라 그릇에 넣고 물을 약간 부어 끓이면 액체 상태의 풀이 됩니다.

　이것은 접착력이 강하기 때문에 주로 생활 도구나 나무를 붙일 때 많이 사용하였습니다.

　부레풀은 민어의 부레로 만든 것으로 부레를 물에 넣고 끓이면 걸쭉한 액체가 되는데, 이 액체를 응고시키면 부드러운 고체가 됩니다.

　이것을 다시 물을 넣고 끓여 풀로 사용하는데, 나무의 접착에 우수하여 주로 활을 만드는 데 사용하였습니다. 그러나 습기가 많을 경우 접착력이 떨어지는 단점도 있습니다.

　해초풀은 해초를 끓여 만드는데, 접착제 중에서 접착력이 가장 약한 단점이 있습니다.

　그러나 한지를 만들 때 닥 섬유를 접착하는 데는 우수한 성질을 나타내며, 접착된 한지가 서로 달라붙는 것을 방지하는 역할도 합니다.

　녹말풀은 일반 가정에서 가장 많이 사용되는 접착제로 먹고 남은 밥에 물을 넣고 끓여 쓰게 되는데, 이 풀은 도배용이나 종이를 서로 붙이는 데 사용하기도 하며 옷에 풀을 먹일 때에도 사용되는 다용도 풀입니다.

　식물성 접착제는 동물성 접착제에 비하여 접착력은 떨어지지만 재료를 구

하기 쉽고 풀을 만드는 과정이 간단하기 때문에 많이 사용되었습니다.

이러한 전통 접착제는 자연물을 이용하여 만들기 때문에 화학 풀처럼 유독성 물질이 전혀 없어 사용과 취급에 특별한 주의가 필요하지 않습니다.

화학 접착제 대용으로 이러한 무공해 천연 접착제를 되살려 낸다면 건강은 물론이고, 환경 문제 등 화학 접착제로 인한 사회·문화적인 부작용을 해결할 수 있습니다.

일상생활에 관련된 조상들의 지혜

4. 솔잎을 왜 음식에 사용했을까요?

솔잎이 가지고 있는 독특한 향기는 악취를 없애고 해로운 균들이 접근하는 것을 막아 주위 환경을 깨끗하게 해 주기 때문에 오래전부터 사용하였습니다. 이와 같은 기능을 하는 식물들의 향은 여러 가지가 있지만 소나무의 솔잎을 가장 으뜸으로 쳤습니다. 다른 어떤 향보다 솔잎에서 나는 향이 탁월한 살균 작용을 하기 때문입니다.

옛날에는 초여름에 일 년생 솔잎을 뜯어 기름을 짜서 집 안에 뿌리는 향료로 사용하였는데, 이 솔잎 향을 집 안에 뿌리면 공기가 맑아지고 신선한 느낌을 줬다고 합니다.

또 우리 조상들은 옛날부터 송편을 찔 때 솔잎을 넣었는데, 송편의 송자가 소나무의 송(松)인 것도 솔잎을 넣고 찌기 때문이라 합니다.

이런 방법을 송편에 향긋한 솔잎 향을 배게 하여 맛을 더 좋게 하려는 것쯤으로 생각할 수도 있습니다.

솔잎

그러나 솔잎 송편에는 더 깊은 과학이 숨어 있습니다. 식물은 다른 미생물로부터 자기 몸을 방어하기 위해 여러 가지 살균 물질을 발산하는데, 이 살균 물질을 피톤치드(나무에서 나오는 방향성 물질로 인체에 유익한 작용을 함)라 합니다. 피톤치드는 공기 중의 세균이나 곰팡이를 죽이고 해충과 잡초 등이 식물을 침범하는 것을 방지하며, 아울러 인간에게 해로운 병원균을 없애기도 합니다. 솔잎에서 피톤치드를 빨아들인 송편은 세균이 접근하지 못해 금방 상하지 않습니다.

우리 조상들이 피톤치드의 지혜를 이용한 것은 송편뿐만이 아닙니다. 싱싱함을 보존하기 위해 생선회를 무채 위에 담았고, 구더기를 없애기 위해 화장실에 할미꽃 뿌리나 쑥을 걸어 두었으며, 바퀴벌레를 쫓기 위해 은행나무 잎을 집안 구석구석에 두었습니다. 이 모든 것이 피톤치드를 이용한 지혜입니다.

백일해에 걸린 환자들의 병실 바닥에 전나무 잎을 깔아 놓으면 공기 중의 세균 양이 10분의 1까지 감소된다는 보고가 나왔습니다. 또 결핵균이나 대장균이 섞여 있는 물방울 옆에 상수리나무의 신선한 잎을 가져다 놓았더니 몇 분 후, 이 세균이 모두 죽었다고 합니다.

피톤치드는 좋은 향기와 살균성, 살충성 외에도 인체에 독특한 작용을 하는데, 이 성분은 아픔을 멎게 하고 벌레를 죽이는 효과가 있으며, 혈압을 내리게 하는 역할을 하는 것으로 밝혀지고 있습니다.

식물에서 나오는 테르펜이라는 물질은 사람의 자율 신경을 자극하고 성격을 안정시키며, 내분비를 촉진하고 감각 계통을 조절하여 집중력을 높여 '숲 속의 보약'이라 불리기도 합니다.

대부분 요양소가 숲에서 가까운 곳에 있는 것도 이런 이유 때문입니다.

일상생활에 관련된 조상들의 지혜

5. 눈 녹은 물을 어떻게 이용했을까요?

지구의 대기 오염이 심각하지 않았을 때만 하여도 우리나라는 삼한 사온이 뚜렷하였고, 겨울에는 전국적으로 눈이 자주 내렸습니다.

겨우내 자주 내린 눈이지만 동지를 지낸 후 세 번째의 날을 술(戌)날, 즉 납일이라 하는데 이날 내리는 눈을 '납설'이라 하였습니다.

우리 선조들은 대대로 이 날에 많은 눈이 내리기를 바랐으며, 이 날에 눈이 내리면 돈이 내린다고 하여 집 안에 있는 입이 넓은 빈 그릇, 심지어는 이불보까지 마당에 깔고 이 눈을 받았다고 합니다. 이처럼 어렵게 모은 눈을 녹여서 만든 물이 바로 납설수입니다.

옛날 부잣집에는 집안에 두 개의 장독대를 가지고 있었는데, 그 하나를 양(陽)독대라 부르고 다른 하나를 음(陰)독대라 불렀습니다.

양독대는 양지바른 곳에 위치하여 장맛이 잘 들게 만들어 놓은 장독대이며, 음독대는 볕이 잘 들지 않는 응달진 곳에 만들어 놓은 장독대입니다.

　납설수는 바로 이 음독대에 담아 놓고 쓰는데, 이 물로 술을 담그면 오래도록 먹어도 술맛이 변하지 않고 또 쉬지도 않으며 술맛이 무척 좋다고 합니다.
　또 이 물로 차를 끓이면 향기가 그윽하고 맛이 좋으며, 약을 달여 먹게 되면 약효가 월등히 좋아 병이 곧 나을 뿐만 아니라 이 물로 담근 장으로 음식을 만들면 맛이 좋으며 반찬도 쉬지 않는다고 합니다. 또한 응달에 앉아 있어도 땀이 줄줄 흐르는 한여름에 이 물로 화채를 만들어 마시면 삼복(초복·중복·말복)에도 더위를 먹지 않는다고 전해오고 있습니다.
　그리고 이른 봄에 논밭에 심을 씨앗을 이 납설수에 담갔다가 뿌리면 씨앗

에서 싹이 잘 나고 가뭄도 타지 않으며, 병해충에도 강해져 풍년이 든다고 하여 풍년수라 부르기도 하였습니다. 그러나 이날 눈이 내릴 수 있는 확률은 10년 동안에 겨우 한 번이 될까 말까 한다니 한겨울에 내리는 눈치고는 이 세상에서 가장 값지고 희귀한 눈이라 할 수 있습니다.

  그러나 지금은 납일에 많은 눈이 내렸다고 하여도 인간들의 무절제한 대기오염 때문에 납설수는 만들지 못합니다. 만약 만든다 하여도 그것을 예전처럼 이용할 수가 없으니, 옛날부터 내려오는 전설로 해석할 수밖에 없는 것이 안타까울 따름입니다.

일상생활에 관련된 조상들의 지혜

6. 금줄에는 어떤 지혜가 숨어 있을까요?

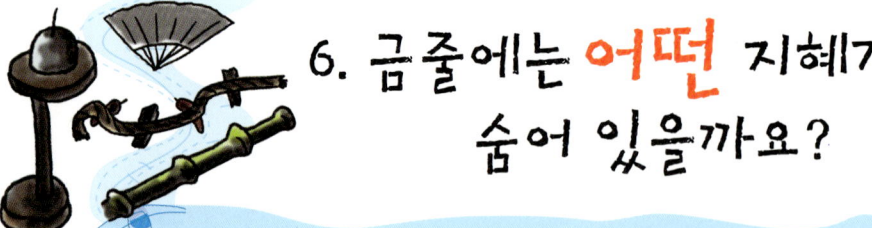

우리나라는 예전부터 아기가 태어나면 짚을 왼쪽으로 새끼를 꼬아서 만든 **금줄**을 대문 앞에 쳤습니다. 아들을 낳으면 고추를 끼워 달았고, 딸을 낳으면 고추 대신 숯이나 작은 소나무 가지를 달았습니다.

이런 금줄은 송아지를 낳아도 달았고, 된장을 담아도 독 주위에 쳤습니다. **서낭당** 등의 정성을 들이는 곳에도 금줄을 쳤는데, 아기나 동물이 태어났을 때 방문이나 대문에 금줄을 친 것은 잡귀와 부정탄 일을 한 사람의 접근을 막는다는 의미가 있었습니다.

새끼의 엉성한 티끌이 귀신의 목에 걸리기 때문에 잡귀를 쫓을 수 있다고 믿었던 것입니다.

금줄에는 기막힌 지혜가 숨어 있는데, 그것은 금줄에 달아 놓은 숯의 작용입니다. 숯의 음이온(우리 몸을 좋게 해 주는 성분)은 생체의 기능을 정상화시키고 공기를 맑게 하며, 산화의 원인인 양이온을 빨아들이는 능력이 탁월

합니다.

숯은 작은 크기라도 표면적이 매우 넓기 때문에 금줄에 단 숯이 산모와 아기를 해로운 미생물로부터 보호하는 데 충분했으리라 봅니다.

금줄의 다른 교훈은 바로 새끼줄을 꼬는 방식입니다. 일반적인 새끼는 오른쪽으로 꼬는데 금줄의 새끼는 왼쪽으로 꼽니다.

평소대로 오른쪽으로 새끼를 꼰다면 쉬울 텐데 왜 힘들게 왼쪽으로 새끼를 꼬았을까요?

바로 앞으로만 가지 말고 뒤와 옆을 살필 수 있는 여유를 가지라는 교훈을 담고 있는 것입니다.

　현대인들은 줄기차게 앞만 보고 달려갑니다. 그러다 자기 자신조차도 잊게 될까 걱정됩니다.
　우리 조상들의 교훈처럼 옆도 볼 줄 아는 여유가 필요합니다.

이런 뜻이 있어요!

- **금줄** : 부정한 것의 침범이나 접근을 막기 위하여 문이나 길 어귀에 건너질러 매거나 신성한 대상물에 매는 새끼줄을 말한다.
- **서낭당** : 마을 어귀에 돌 무더기나 오래된 나무를 가꾸어 놓고 신에게 제사를 지내는 곳을 말한다.

일상생활에 관련된 조상들의 지혜

7. 옹기는 왜 숨을 쉰다고 했을까요?

옹기는 아무나 만들 수 있는 그런 그릇이 아닙니다. 옹기에 담아 둔 수돗물은 생수가 되고, 장은 변치 않고 잘 발효됩니다.

또한 겨울에는 땅속에 묻어 둔 옹기에 김치를 담아 보관하여 한 겨울을 나기도 하였습니다.

옹기는 우리의 건강을 지켜 주는 생명의 그릇으로 흔히 '숨쉬는 그릇'이라 합니다.

옹기가 가마 안에서 고열로 구워지는 동안 그릇 표면에는 눈에 보이지 않는 아주 작은 숨구멍이 생기게 됩니다.

햇볕이 뜨거운 여름철에 장 항아리를 자세히 살펴보면 하얗게 소금기가 서려 있거나 끈적끈적한 물질이 밖으로 뿜어지는 것을 볼 수 있습니다.

이것이 바로 옹기가 숨구멍을 통해 노폐물을 밖으로 내보내고 있는 것입니다.

숨쉬기가 잘 안 되는 옹기는 내용물을 썩게 하지만, 숨쉬기가 잘 되는 옹기는 내용물을 적당히 삭히는 발효 그릇이 됩니다.

옹기는 마치 생명체와 같이 제 몸 속에 습기가 있으면 숨을 내쉬어 그것을 밖

옹기

으로 뿜어내고, 반대로 제 몸 속이 건조해 습기가 부족하면 숨을 들이마셔 습기를 조절할 줄 아는 참으로 신비한 능력을 갖고 있는 그릇입니다.

우리 어머니와 할머니들이 아침저녁으로 항아리를 닦아 주었던 것도 항아리가 계속 호흡하도록 도와주기 위한 것임을 알 수 있습니다.

옹기 속에 있는 작은 구멍은 공기는 드나들되 물은 투과하지 않을 정도로 작으며, 밖으로부터 비를 막아 주면서 안과 밖의 공기는 통하게 해 안에 담긴 음식물을 잘 익게 하고 천천히 발효되도록 하는 역할을 합니다.

질그릇에 물을 담을 경우 잡물을 빨아들이고 기화열을 빼앗아 그곳에 담겨 있는 물을 항상 시원하게 만들기 때문에 오래 보관할 수 있습니다.

현대 과학이 물은 막되 공기는 통하게 하는 방수 처리 시스템을 만들었다면 대단한 인기를 끌었을 것입니다.

우리 선조들은 우리의 먹거리를 보관하는 옹기 하나만으로도 서구의 방수 과학을 능가하는 삶의 지혜를 보여준 것입니다.

우물가에서 물을 길어 와 옹기에 부어 놓고 썼던 것도 깨끗한 물, 숨쉬는 물을 마시려는 우리 조상들의 삶의 지혜였음을 알 수 있습니다.

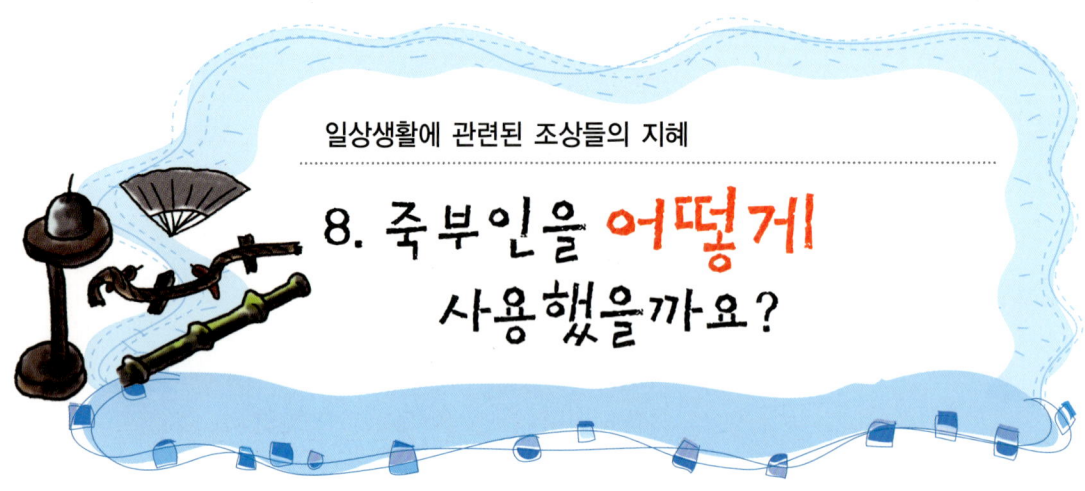

일상생활에 관련된 조상들의 지혜

8. 죽부인을 어떻게 사용했을까요?

　죽부인은 대나무로 만든 것으로, 여름에 더위를 물리치기 위해 나이 든 남자들이 안고 잠을 자던 길고 둥근 생활 용구입니다.

　죽부인을 안고 있으면 더운 여름밤이라도 시원하게 잠을 잘 수가 있어 옛사람들은 오래 전부터 사용하였습니다.

　죽부인을 최초로 만들어 사용한 곳은 중국으로, 죽부인을 '죽협슬'이라 불렀습니다. 죽부인은 남성들만 사용하였는데 어른 키만한 죽부인을 품에 안고 팔다리를 걸치는 도구로, 명칭도 '대나무로 만든 부인'이라는 뜻입니다.

　죽부인은 주로 상류 사회의 한정된 양반들만이 가지고 사용할 수 있는 물건이었습니다. 현재 죽부인의 대부분은 대나무가 가장 많이 재배되는 담양에서 생산되고 있습니다. 우리 민족의 생활 속에서 명맥을 이어 온 죽부인은 이제 21세기를 맞이하여 사용이 급격하게 줄어들어 머지 않아 역사 속의 생활 용구로만 남게 될지도 모릅니다.

일상생활에 관련된 조상들의 지혜

9. 한지는 어떻게 만들어졌을까요?

　우리 고유의 한지인 창호지는 닥나무의 껍질과 닥풀을 적당량 섞어서 만드는데, 종이의 질이 좋아 옛날부터 칭찬을 받아왔습니다.

　같은 종류의 닥나무라 하더라도 어느 곳에서 자랐느냐에 따라서 또는 기후와 토질에 따라 섬유의 성질과 끈기 및 품질에 영향을 줍니다.

　이와 같은 닥나무의 섬유질에 닥풀을 적당량 섞게 되면 종이를 만들 때 섬유가 빨리 가라앉지 않고 물 속에 고루 퍼집니다. 이는 종이를 뜰 때 섬유의 접착이 잘 되도록 하며, 기계에서 물 빠지는 속도를 조절하여 한지의 질을 고르게 하는 작용을 합니다.

　그러므로 한지를 만들 때 닥풀의 농도가 낮으면 종이를 뜰 때 물 빠짐이 빨라 두꺼운 한지가 만들어지게 되고, 반대로 농도가 높으면 물 빠짐이 나빠 얇은 종이가 생산되는 것입니다.

　그러므로 좋은 한지를 만들려면 종이를 만드는 물질이 닥나무에 이상적으로 함유되어 있는 시기인 가을에 채취하여야 합니다.

특히 닥풀은 주성분이 당류로서 종이를 뜰 때 닥나무의 섬유 접착을 좋게 해 주어 종이의 강도를 증가시키며, 얇은 종이를 만드는 데 중요한 역할을 합니다.

한지를 만드는 과정이 지금 우리들이 사용하고 있는 일반적인 펄프 종이보다 더 과학적이라는 사실을 볼 때 우리 조상들의 과학이 얼마나 우수했는가를 알 수 있습니다.

우리들이 많이 사용하고 있는 종이는 **로진사이즈** 처리와 황산알루미늄의 사용으로 강한 산성을 띠게 되어 세월이 흐르면서 서서히 분해되어 약 100여 년 정도가 지나게 되면 사용하기 어려운 단점이 있습니다.

또한 우리 조상들이 만들었던 방법으로 만들지 않는 한지는 비록 펄프 종이의 성분이 비슷하다고 할지라도 표백용으로 첨가되는 수산화나트륨과 차

아염소산으로 인하여 산성을 띠게 되고, 표백 과정 중에 종이의 섬유 조직이 상하게 되어 보존성은 훨씬 떨어지게 됩니다.

이러한 제조 과정의 차이로 우리의 한지는 천년이 지나도 보존되는 반면, 펄프 종이는 오랜 기간의 보존이 불가능합니다.

우리 겨레의 과학이 담긴 전통 한지의 장점을 최대한 활용하여 현대 제지 공업과 접목한다면 오랜 기간 보존을 필요로 하는 서적용은 물론, 스피커의 음향판이나 밀폐용 개스킷 등 첨단 소재 개발에 얼마든지 이용이 가능할 것입니다.

 이런 뜻이 있어요!

• **로진사이즈** : 백색 또는 황색의 분말로, 펄프에 넣어 종이를 만드는 방법을 말한다.

일상생활에 관련된 조상들의 지혜

10. 자염은 어떻게 만들었을까요?

자염은 오래전부터 전통 방식에 의하여 만들어 온 우리의 전래 소금입니다.

해방 전후만 해도 바닷물을 가마솥에 끓여 소금을 만드는 곳을 흔히 볼 수 있었으나, 일제 때 **천일염전**이 만들어지면서 우리의 전래 소금이 자취를 감추게 되었습니다.

갯벌에 **간통**을 설치한 후 갯벌 흙을 소가 끄는 **써레**로 계속 갈아 엎어 갯벌 흙을 햇볕에 말리는 일을 계속하는데, 이 일은 자염을 만드는 데 매우 중요한 과정입니다.

그 다음에는 흙을 부수어 말리는 일을 약 5~6일 동안 계속하는데 잘 마른 갯벌 흙은 수분이 증발해 바닷물의 염도를 높이기 때문에 소금 생산량을 좌우합니다.

그리고 갯벌에 파 놓은 간통의 입구에 짚으로 만든 이엉을 덮고 진흙으로

단단히 발라 밀물 때 바닷물이 스며들지 못하게 한 다음, 간통 주위에 낮은 둑을 쌓는데 이는 썰물 때에도 바닷물이 통 안에 오래 잠기도록 하기 위해서입니다.

하루에 두 번씩 바닷물이 밀려오면 통 안을 통과함으로써 염도가 높아진 함수(간통에 모인 바닷물)가 되어 간통 속으로 모아지게 됩니다.

염도 측정이 끝나면 간통의 함수를 퍼서 가마솥에 부어 주면 불을 책임지는 사람이 가마솥에 솔가지로 불을 때는 것입니다.

이와 같은 전통적 소금 제조 방식인 자염은 천일염과 달리 햇볕에 말린 갯벌의 흙을 깨끗한 바닷물로 걸러 염도를 높인 뒤 가마에 8시간 이상 끓여 만든 소금입니다.

이 자염은 1950년대 천일염이 우리나라에 들어오기 전 바닷물의 조수 차와 기온, 강수, 바람 등의 자연 현상을 이용했던 선조들의 슬기와 지혜입니다.

이 과정에서 자염은 염화마그네슘 성분이 거의 없어져 쓴맛은 없고 단맛이 나는 질 좋은 소금으로 거듭납니다.

자염에는 각종 미네랄이 천일염보다 20% 이상 많이 들어 있어 음식을 만들었을 때 감칠맛이 나게 됩니다.

자염은 약 200년 전부터 태안 일대 바닷가에서 제조되다가 간척지의 개간과 땔감의 감소 등으로 40여 년 전 안타깝게 자취를 감추고 말았습니다.

이런 뜻이 있어요!

- **천일염전** : 햇볕과 바람으로 바닷물의 수분을 증발시켜 소금을 만드는 염전을 말한다.
- **간통** : 바닷물을 담아둘 수 있도록 우묵하게 만든 곳을 말한다.
- **써레** : 갈아 놓은 논의 바닥을 고르는 데 쓰는 농기구를 말한다.

일상생활에 관련된 조상들의 지혜

II. 조상들은 왜 물과 관련된 이름을 지었을까요?

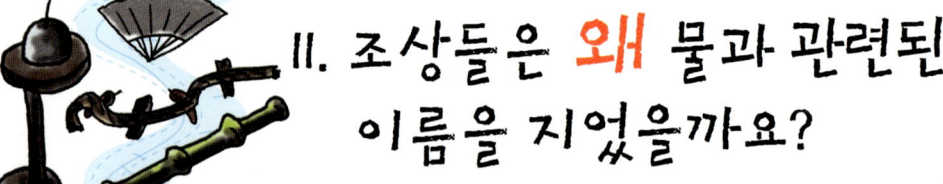

국립지리원에서 발간한 《한국지명요람》에 의하면 땅 이름 가운데 물과 관련된 이름이 무려 305개나 되는 것으로 나타났습니다.

물과 관련된 땅 이름 중 우리의 관심을 끄는 내용을 살펴보면, 선조들은 땅 이름이나 마을 이름을 지을 때 이미 물이 갈 길을 내다보고 앞일을 예측하였던 것으로 보입니다.

그 중에서 가장 대표적인 지명을 살펴보면, 강원도 춘성군 신북면 천전리에 '수구동'이라는 마을이 있었습니다.

이 곳은 소양강 다목적 댐이 건설되기 전까지 50여 가구가 살던 조그만 마을이었습니다.

그러나 정부의 종합 발전 계획에 의하여 소양강 댐이 건설되면서 이 마을이 있던 자리에 수력 발전소가 설치되어 발전을 위하여 계속 물이 나오는 곳이 되었습니다.

즉, 수구동은 물이 흘러나오는 입구라는 뜻으로, 지은 이름이 놀랍게도 정확하게 들어맞은 것입니다.

또 전북 임실군 운암면 마암리에 '막은데미'라는 지명이 있는데, 이 마을의 이름은 지금부터 약 300년 전에 붙여진 것이라고 합니다.

이렇게 부르게 된 전설을 살펴보면, 조선 시대 학문이 깊고 덕망이 높은 선비가 세자의 스승이 되어 세 분의 훌륭한 임금님을 탄생케 하였는데, 이 스승이 그만 세상을 떠나게 되었습니다.

그러자 임금님은 '국풍', 즉 국가의 풍수지리를 담당하는 관리로 하여금 좋은 묏자리를 찾아보게 하였습니다.

임금의 명을 받은 '국풍'은 전국을 돌아다니다가 전북 임실군 운암면 마암리에 명당 자리를 찾아내어 장례를 지내고 한양으로 돌아가는 길에 주막에 들러 막걸리로 목을 축이게 되었습니다.

이때 이 '국풍'이 주막 주인에게 이 마을의 이름을 묻자 주인은 "이 마을은 아직 이름이 없습니다." 하고 대답하였습니다. 그러자 '국풍'은 이 마을 이름을 '막은데미'로 부르라 하고 길을 떠났습니다.

이렇게 하여 붙여진 이름이 바로 막은데미인데, 이 마을은 섬진강 상류 지역으로 섬진강 댐 공사가 시작되면서 본댐 공사와 같이 조그마한 댐이 만들어졌습니다.

섬진강 댐이 완공되어 물이 채워지게 되면 지형상 이곳은 물론 전주 일원까지 물에 잠기게 되어 있으나, 이곳을 작은 댐으로 막음으로써 전주 일대의 비옥한 논밭이 물속에 들어가는 것을 막을 수 있게 되었습니다.

'국풍' 노인은 먼 훗날 이 마을에 댐이 생길 것을 미리 알고 이름을 막은데미라고 한 것 같습니다.

그리고 전북 정읍군 산내면 장금리에 '수침동'이라는 마을이 있는데, 이 마을도 섬진강 댐이 준공되면서 마을 일부가 물에 잠겼습니다. 그곳의 땅 이름을 지을 때 이미 이 마을이 물에 잠길 것을 알았기 때문에 물에 잠긴다는 뜻인 수침동이라 지은 것 같습니다.

또 다른 마을의 이름을 살펴보면, 대전시 대덕구에 '미호동'이라는 마을이 있는데, 이 마을도 대청 다목적 댐이 준공되면서 강물에 잠기게 되어 아름다운 호수의 일부가 되었습니다.

또한 충북 청주시 성화동에 '무너미 고개'라 부르는 지명이 있는데, 그 이름도 우연하게 지어진 것이 아닌 것을 알 수 있습니다.

어느 날 그곳을 지나던 도사가 앞으로 이 고개로 물이 넘어갈 것을 예언하고 무너미 고개라 불렀는데, 그 당시에는 어느 누구도 이 고개로 물이 넘어올 것이라고 짐작하지 못했습니다.

그러나 그로부터 수백 년이 지난 후 대청 댐이 완성되어 물이 관을 통하여 이 고개를 넘어가게 되어 실제로 물이 넘어가는 무너미 고개가 되었습니다.

이처럼 우리의 선인들이 땅 이름을 정할 때 먼 미래를 내다보는 지혜를 가졌다는 것에 놀라울 뿐입니다.

일상생활에 관련된 조상들의 지혜

12. 대자리로 어떻게 여름밤을 보냈을까요?

여름밤 30도를 오르내리는 열대야 때는 이부자리도 금새 축축해져, 침대를 사용하는 사람들은 몸에 달라붙는 침대 커버 때문에 밤잠을 설치게 됩니다.

그러나 조상들은 이런 걱정 없이 일찍이 좋은 대자리를 사용해 보다 시원한 여름밤을 보냈습니다.

예로부터 대는 서늘한 기운을 전해 준다고 하여 여름밤에 가장 널리 사용되었던 잠자리로 친숙한 물건입니다.

대는 강수량이 많고 습한 곳에서 자라는 특성이 있어 주로 남부 지방에서 잘 자라는데, 특히 전남 담양 지역은 대를 이용한 특산물이 많이 나는 지역입니다.

대자리는 대조각을 엮어 만든 것으로 서늘하고 부드러운 성질을 갖고 있으며, 화문석에 비해 가격도 비교적 저렴합니다.

대자리는 보통 2~4년 된 대나무를 사용하는데, 노란색이 강하고 표면에 윤기가 도는 것이 가장 좋습니다.

최근에는 대자리를 오랫동안 보존하기 위해 니스 칠을 하기도 하는데, 땀이 많은 여름철에는 몸에 달라 붙는 경우가 있으므로 칠을 하지 않은 평범한 문양이 새겨진 제품을 선택해 사용하는 것이 바람직합니다.

또한 대자리는 물걸레로 닦아 주기만 하면 될 정도로 별도의 관리가 필요 없는데, 다만 청소할 때 걸레의 물기를 완전히 뺀 후 닦는 것이 좋습니다. 잘 지워지지 않는 얼룩의 경우는 중성세제를 부드러운 천에 묻혀 천천히 닦아 준 후 통풍이 잘 되는 서늘한 곳에 두면 됩니다.

일상생활에 관련된 조상들의 지혜

13. 여름날에 부채를 어떻게 사용했을까요?

선조들은 여름철의 더위를 식히기 위해 부채를 사용하였습니다. 오랜 역사와 더불어 전해 내려온 우리나라의 부채는 크고 작음의 형태 및 재료에 따라 용도가 다양합니다.

본능적으로 더위를 피하기 위한 도구로서 이용되던 부채는 아름다움을 첨가한 종합 공예로 발전하면서 몸에 지니는 장신구와 의식 용구 등의 다양한 방법으로 사용되었습니다.

고려에서 시작하여 이조 500년을 지나오면서 발전한 부채는 우리의 독특한 아름다움을 지니면서 중국에까지 소개되어 사랑을 받았으며, 우리 부채의 뛰어남을 과시하기도 하였습니다.

부채는 신분과 용도에 따라 100여 가지를 만들어 사용하였는데, 이들 부채에는 8가지의 덕목이 있습니다.

첫째가 더위를 쫓아 주는 덕이요, 둘째가 흙 땅에 방석이 되어 주는 덕이요, 셋째가 햇빛과 비를 가려 주는 덕이요, 넷째가 모기와 파리를 쫓아 주는 덕이요, 다섯째가 이리저리 가리키는 덕이요, 여섯째가 미인 웃음을 가려 주는 덕이요, 일곱째가 빚쟁이 만날 때 얼굴을 가려 주는 덕이요, 여덟째가 신날 때 장단치는 덕이라 하였으니 부채의 사용이 많음을 이르는 말입니다.

부채

여름이면 가장 사랑을 받았던 부채는 집 안에 있을 때는 고정된 둥글부채(방구부채라고도 하며, 비단이나 종이로 둥글게 만든 부채)를 많이 사용하였고, 외출할 때는 쥘부채(접부채라고도 하며, 접었다 폈다 하게 된

부채는 고려 때 처음 사용하기 시작했으며 중국에까지 소개되어 전통적인 아름다움을 널리 전했지!

부채)를 쥐고 다니면서 더위를 쫓곤 하였습니다.

그러나 이처럼 선조들의 지혜가 담긴 부채도 오늘날 점차 잊혀지고 있습니다. 조금의 더위도 참지 못하는 현대인들에게 부채는 그저 불편한 도구일 뿐인 것입니다.

부채는 사용에 불편함은 있지만 무엇보다 에너지 낭비를 막을 수 있다는 큰 장점이 있으며, 기계가 만들어 내는 인공 바람이 아니어서 어른이나 아이 모두의 건강을 지킬 수 있습니다. 또한 에어컨 실외기에서 나오는 뜨거운 열기나 소음 등의 환경 오염도 줄일 수 있어 일석삼조의 효과를 얻을 수 있는 지혜가 담긴 생활 용품입니다.

일상생활에 관련된 조상들의 지혜

14. 등잔불로 어떻게 어둠을 밝혔을까요?

　등잔은 기름을 담아 불을 켜던 기구로, 전기가 들어오기 전까지 우리들의 가정에서 없어서는 안 될 아주 귀중한 조명 기구였습니다.

　등잔을 만드는 재료는 토기, 도기, 청자, 백자, 옥석 등으로, 불이 붙지 않는 재료면 어느 것이나 가능했는데, 우리의 가정에서 가장 오래 사용한 기본적인 등잔은 종지형입니다.

　사기 그릇에 심지를 심어 사용하다가 1950년대에 들어와서는 기름을 넣는 통을 양철판으로 만든 것도 생산되었으며, 크기는 지름 5~7cm, 높이는 5cm 내외가 보통이었습니다.

　그러나 지름 15~30cm, 높이 10~20cm의 큰 것도 있었으며, 대형 석등잔은 철사로 고리를 만들어 들보에 달아 사용하기도 했습니다. 심지는 솜을 꼰 것과 삼을 사용했습니다.

　등잔 가운데 옥으로 만든 종지형 등잔은 옥등잔 또는 석등잔으로 불렀습

니다.

  이는 고급품에 속해 궁중이나 지위 높은 집에서 주로 사용했으며, 중국이나 일본과의 무역에도 중요한 교역품이 되었습니다.

  사찰(절)에서는 돌등잔을 선등이라 하여 사용했고, 무당들이 주로 이용했던 인등(부처 앞에 등불을 켜는 일)의 심지로는 한지를 꼬아서 썼습니다.

  불이 직접 닿는 등잔과는 달리, 등잔을 걸어 둔 다리는 목재나 유기로 만들어 여러 가지 모양을 새기기도 했습니다.

  등잔의 원료인 기름은 처음에는 식물성 기름인 참기름, 콩기름, 목화씨 기름, 피마자 기름 등을 사용했고, 동물성 기름으로는 물고기 기름과 소·돼지의 기름 등을 사용했습니다.

  그러나 개화기 이후에는 석유가 수입되어 이를 원료로 쓰기 시작하였습니다.

  등잔불은 시골집 미닫이문(옆으로 밀어서 열고 닫게 되어 있는 문)이나 창호지문을 여닫을 때 가볍게 일던 바람에도 잘 꺼지고, 나뭇단을 묶기 위한 새끼 등을 꼴 때 짚 끝이 등잔을 스치며 꺼지기도 했습니다.

  이처럼 등잔불은 어려운 살림살이 속에서 여인들의 한숨 소리와 함께 내려온 도구입니다.

일상생활에 관련된 조상들의 지혜

15. 창포로 왜 머리를 감았을까요?

음력 5월 5일은 비가 많이 오는 장마 때이므로 여러 질병을 예방하는 의미로 창포 삶은 물로 머리를 감았습니다.

여자들은 창포 뿌리를 캐어 붉게 물들인 후 머리에 꽂거나 머리를 감고, 남자들은 허리에 차고 다님으로써 액을 막으려 했다는 풍습은 청결과 향기를 내기 위한 것으로 보입니다.

창포는 뜯어서 냄새를 맡아보면 향기가 나고 잎이 대검처럼 곧게 자라는데, 나쁜 귀신이 가까이 오지 못하게 한다고 믿었습니다.

우리 조상들은 말린 창포 잎과 흰 뿌리를 함께 넣어 끓인 물로 몸을 씻으면 병마와 악귀를 쫓을 수 있다고 믿었습니다.

머리 속이 헐거나 온몸에 종기가 나거나 피부병이 있을 때 창포 삶은 물로 머리를 감고 또 목욕을 한 것은, 창포 속에 염증을 치료하는 물질이 들어 있기 때문입니다.

현대 과학으로 보면 창포는 때를 빼는 뛰어난 효과와 머리에 윤기를 주는 영양분이 많이 들어 있으며, 은은한 향기를 갖고 있는 우수한 세제입니다.

창포는 주로 물가에서 자라는 식물인데 뿌리줄기가 옆으로 퍼지면서 계속 새로운 싹이 돋아나기 때문에 대개는 한 곳에 군락을 이루며 삽니다.

창포의 종류에는 토종인 꽃창포와 서양종인 노랑꽃 창포가 있습니다. 꽃

창포

창포는 붉은빛을 띤 자주색 꽃 가운데에 노란색 무늬가 있으며, 노랑꽃 창포는 이름 그대로 노란색 붓꽃 모양의 꽃을 피웁니다.

물가에 자라지 않고 산지에서 자라는 비슷한 것으로 붓꽃 종류를 들 수 있는데, 잎의 모양은 비슷하지만 사는 곳이 다르고 꽃에 반점이 있는 것으로 구별이 가능합니다.

지금 우리들이 매일 사용하고 있는 비누나 샴푸는 물에 들어가면 잘 분해되지 않아 수질을 오염시키지만, 창포는 분해 효과도 뛰어나 하천을 오염시키지 않는 천연 무공해 샴푸 겸 비누입니다.

우리 선조들은 고도의 과학적인 지혜로 자연에 순응하며 살아온 것입니다.

특히 선조들의 삶이 자연과 조화를 이뤄, 자연을 이용하면서도 자연을 파괴시키지 않았다는 점은 무척 놀랍습니다.

이 책을 읽는 분 중에서 창포로 세제를 만든다면, 우수하고 질 좋은 무공해 비누가 탄생하지 않을까 생각됩니다.

일상생활에 관련된 조상들의 지혜

16. 가마솥에는 어떤 과학이 들어 있을까요?

우리들의 입맛에 가장 잘 맞는 밥을 꼽을 때 가마솥에서 지은 밥이라고 말하지 않을 사람은 없을 것입니다. 똑같은 쌀로 밥을 지었는데 왜 가마솥 밥이 다른 솥에서 지은 밥보다 더 맛이 있다는 것일까요?

그것에 대한 해답은 아주 간단한데, 바로 밥을 짓는 기구인 가마솥에 그 숨은 비결이 들어 있습니다.

가마솥에 지은 밥과 다른 여러 종류의 솥에 지은 밥을 대상으로 사람들에게 밥맛을 조사한 결과, 통계상으로 무쇠솥으로 지은 밥이 색깔과 윤기 그리고 냄새와 맛 등에서 뛰어난 것으로 나타났습니다.

그러면 무쇠솥에서 한 밥은 왜 밥맛이 좋을까요? 그 해답은 여러 가지가 있겠으나 바로 솥을 만드는 무쇠에서 그 답을 찾을 수가 있습니다.

과학자들은 무쇠솥에서 지은 밥맛이 좋은 이유를 무쇠솥 뚜껑의 무게와 솥바닥의 두께와 관련이 있다고 설명하고 있습니다.

가마솥 전체 무게와 솥뚜껑 무게의 비율은 대부분 3대 1 정도인데 다른 재질로 만든 솥들에 비해서 뚜껑의 무게가 무거운 것이 가마솥의 특징입니다.

무거운 무쇠솥 뚜껑은 작은 힘에 의해서는 잘 움직이지 않아 밥이 솥 밖으로 끓어 넘을 염려가 없을 뿐만 아니라 가마솥 안의 압력을 높이는 역할을 해 빠른 시간 안에 밥이 만들어 집니다. 또한 솥뚜껑의 무게가 무거우면 내부의 온도 변화가 매우 천천히 일어나므로 솥뚜껑과 솥 안의 온도 차가 크지 않습니다.

이러한 조건이 되었을 때 솥 안의 내부 압력이 가장 적당하고, 오랫동안 높은 온도를 유지할 수 있는 것입니다.

또 가마솥은 식을 때에도 서서히 식으므로 고온 상태를 오랫동안 유지하기 때문에 맛있는 밥이 됩니다.

밥맛에 영향을 미치는 또 하나의 중요한 조건은 무쇠솥에서 불이 닿는 바닥면의 두께가 서로 다르다는 것입니다. 가마솥은 바닥이 둥글게 만들어졌으므로 불을 때게 되면 사방에서 열을 받아 열전달이 더 빠르게 일어나게 됩니다.

무쇠솥은 솥 바닥의 중앙이 가장 두껍고 위로 올라가면서 점차 얇아져 가장자리 부분은 솥 중앙 두께의 약 절반 정도밖에 되지 않습니다. 불이 가장 먼저 닿는 부분인 가운데를 두껍게 만들고 불에서 먼 부분일 수록 얇게 만든 것입니다. 이는 현대 과학으로 볼 때 열의 전도와 대류에 관련이 있는 것으로 맛있는 밥의 탄생 원리라고 할 수 있습니다.

압력이 높으면 물이 끓는 온도가 섭씨 100도보

가마솥

다 더 높아져 물의 양이 적어도 가마솥 밥이 맛있게 됩니다.

또한 가마솥은 화력이 강한 장작불로 밥을 짓기 때문에 그 열이 바닥에 직접 가해져 온도가 급속하게 올라갑니다. 이러한 급격한 온도 변화로 좋은 밥맛을 낼 수 있는 것입니다.

밥을 지을 때 너무 오래 익히면 쌀알이 뭉그러지고, 양은 냄비로 밥을 지으면 아래 위가 동시에 익지 않아 아래는 타고 위는 설익어 좋은 밥맛을 내기가 어렵습니다.

가마솥으로 밥을 지으며 김이 나기 시작할 때 차가운 행주로 솥뚜껑 위를 계속 닦아주면 솥뚜껑이 차가워지면서 뚜껑에 닿은 김이 물방울로 바뀌어 흘러내리게 되는데, 이때 흘러내린 물방울은 솥과 뚜껑 사이의 틈을 막아 솥 안의 압력을 더 높이는 역할을 하게 됩니다.

요즘 나오는 압력 밥솥들이 가마솥의 원리를 이용해서 나오는 경우가 많지만 아직까지도 가마솥에서 만든 밥맛을 따라가지는 못합니다.

버튼 하나만 누르면 자동으로 밥을 지을 수 있는 편리한 세상 속에 살고 있지만 가마솥에 남은 노릇노릇한 누룽지와 구수한 숭늉의 맛을 자주 볼 수 없다는 것이 안타깝습니다.

이처럼 쉽게만 여겨 온 가마솥에도 놀라운 과학적인 원리가 들어 있으니, 조상님들의 지혜가 얼마나 대단한지 또 한번 느낄 수 있습니다.

우리가 늘 드나드는 부엌에서도 이렇게 여러 가지 과학의 원리를 찾아볼 수 있습니다.

일상생활에 관련된 조상들의 지혜

17. 화로는 어떤 기능을 가지고 있을까요?

화로란 숯불을 담아 놓는 그릇으로 옛날에는 난방과 취사를 보조하는 기능을 갖고 있었습니다.

옛날에는 불을 일으키는 기구가 없었기 때문에 불씨를 묻어 두는 화로는 가정생활의 중심이었고 보물이었습니다.

화로는 방 안을 따뜻하게 할 때뿐만 아니라 식구들의 식사를 위하여 아궁이에 불을 땔 때도 사용되었습니다. 이때 남은 불덩이를 긁어모아 담아서 재로 덮어 잘 다독거려 주면 오랫동안 불씨가 꺼지지 않았습니다.

화로는 추운 날씨에 방문한 손님의 언 손을 녹여 주기도 하였고 추운 겨울밤 가족들이 모여 앉아 오순도순 이야기꽃을 피우며 집안의 각종 일을 의논하는 곳이기도 하였습니다.

이처럼 화로는 어느 집에나 있었고 특히 추운 겨울에는 가족들을 한 곳으로 모이게 하는 큰 힘을 발휘하기도 하였습니다.

　화로는 겨울철 바깥나들이에서 돌아오는 가족들의 추위를 쉽게 녹여주는 역할뿐만 아니라 난로나 히터와 같이 외풍이 심한 방 안의 온도를 높여 주는 생활 용구였습니다.
　이처럼 화로는 비싼 전기 요금, 가스 요금, 기름 비용을 절약하게 해 주는 우리만의 독특하고 과학적인 우수 난방 기구인 것입니다.
　뿐만 아니라 잘 보관된 불씨가 들어 있는 화로는 가족들에게 언제나 따뜻한 밥과 찌개를 데워주는 역할까지 했으니 얼마나 실용적인 생활 용구입니까?
　그 옛날 할머니와 어머니는 인두를 화로에 묻었다가 한복의 동정(저고리 위에 덧 꾸미는 흰 헝겊으로 오늘날 옷의 목부분, 칼라)을 다림질할 때 사용하였으며, 화로에 알밤이나 고구마를 구워 귀여운 자식들에게 간식거리를 주기도 하였습니다.

이처럼 화로가 가지고 있는 많은 기능 덕분에 춥고 긴 겨울 동안에도 큰 비용을 들이지 않고 추위를 막을 수 있었고 각종 음식을 데울 수 있었으니 이 얼마나 지혜로운 생활 용구이고 과학적인 생활 방식입니까?

예전에는 불씨가 집안의 재산을 좌우한다고 믿어 어머니들은 화롯불에 대단히 신경을 썼습니다.

그래서 불씨 화로를 시어머니가 며느리에게 대대로 물려주었으며, 분가할 때에는 이사하는 새집에 불씨 화로를 들고 먼저 들어가는 것이 관례였습니다.

만약 잘못하여 화롯불을 꺼트리게 되면 점점 가난해지고 집안이 망할 것이라 여겨 어머니들은 몰래 이웃집에 가서 불씨를 얻으려고 하였지만 그리 쉽게 얻을 수 있는 것이 아니었습니다.

이를 여자의 게으름 탓으로 돌렸기에 이보다 더한 부끄러움도 없었습니다.

또 불씨를 나누어 주면 그 집의 살림이 나간다는 속설도 있어 대부분 거절하기 일쑤였기에 화롯불을 구하는 것은 수치이자 고통이었습니다.

이처럼 화로는 불씨를 보존하는 도구로서, 그리고 난방을 하고 음식을 데우는 보조 도구로서 우리 조상들의 생활 철학이 듬뿍 배어 있는 생활 용구인 것입니다.

그러나 화로는 지난 50년대 중반 이후로 석유, 석탄 등 연료의 혁신에 따라 난방 기구가 발달하면서 안타깝게도 서서히 자취를 감추기 시작했고, 70년대 초 농촌 지역까지 전기가 보급되면서 우리의 생활 주변에서 영원히 사라지고 말았습니다.

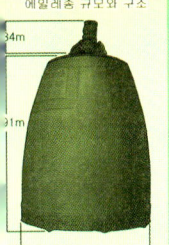

다섯

문화재와 관련된 조상들의 지혜

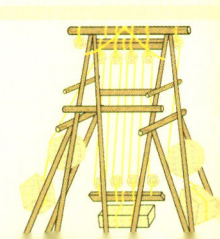

문화재와 관련된 조상들의 지혜

1. 포석정에는 어떤 과학이 숨어 있을까요?

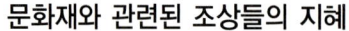

신라 시대 때 왕과 신하들이 술을 마시며 놀았다는 포석정은 경상북도 경주시에서 남서쪽으로 약 4km 떨어진 곳에 만들어진 우리의 귀중한 문화재입니다.

927년 신라 경애왕이 이곳에서 잔치를 베풀고 놀이하다가 후백제 견훤의 습격을 받아 붙잡히게 되어 스스로 목숨을 끊을 수 밖에 없었던, 신라 천년 역사에 치욕을 남긴 장소이기도 합니다.

포석정은 말 그대로 돌을 포개어 놓은 정자로 63개의 석재가 어우러져 구불구불한 수로를 이루고 있습니다. 동서의 길이는 10.3m이고, 남북으로 짧은 축이 4.9m입니다.

수로의 폭과 깊이는 일정치 않으나 폭은 평균 30cm 정도이고, 깊이는 평균 22cm 정도입니다.

물이 들어오는 입구와 출구의 낙차는 40cm 정도인데 역사학자들은 포석

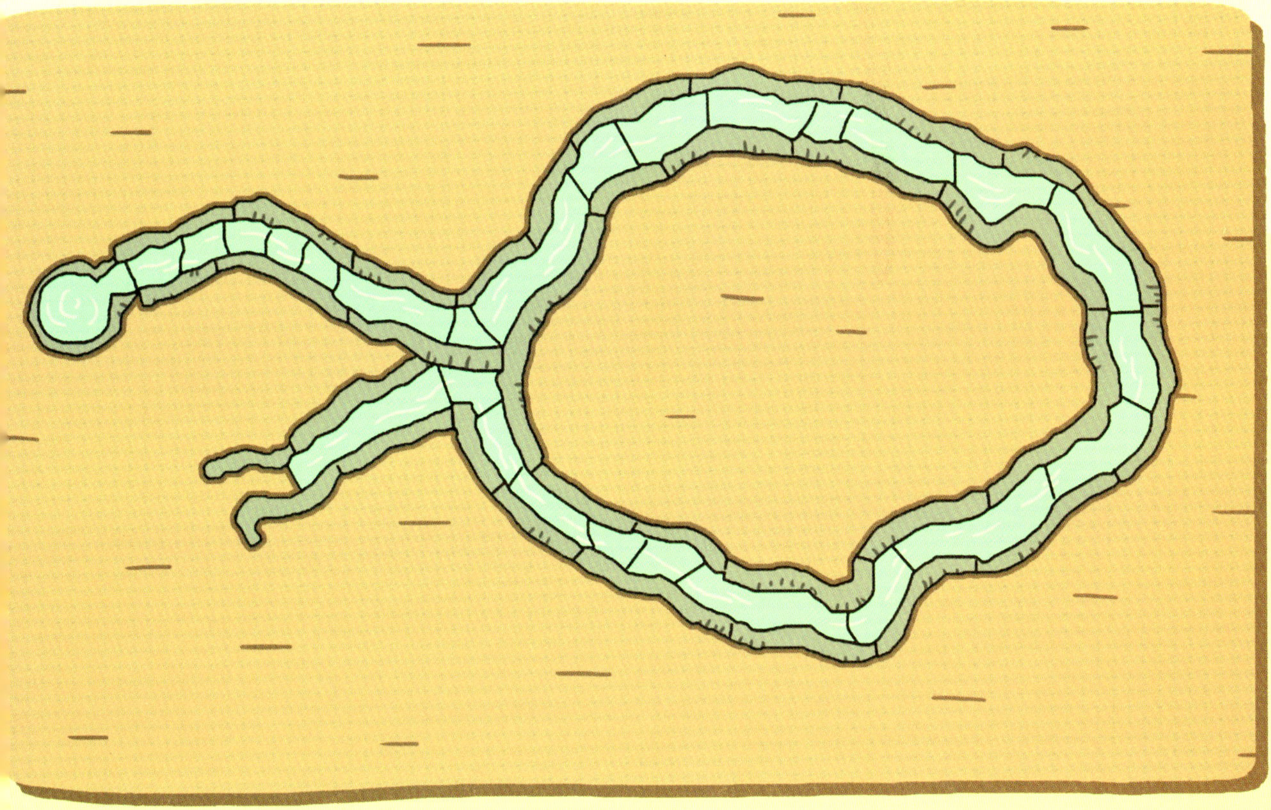

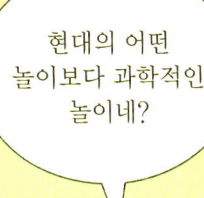

포석정 (출처 : 문화재청)

정 옆의 석계천에서 물을 끌어왔을 것으로 추측합니다.

포석정 안으로 들어온 물은 수로를 따라 한 바퀴 돈 후, 다시 석계천을 통해 흘러 나가도록 설계되어 있습니다.

긴 세월이 지나면서 물이 들어오는 입구는 없어지고 입구에서 자란 고목의 뿌리가 성장하여 지금은 물이 흐르는 현상을 관찰할 수 없게 되었습니다.

그러나 과학자들은 포석정에 술잔을 띄우면 일정 기간 머무르거나 갇히는 현상이 실제로 일어나는지에 대하여 새로운 연구를 하고 있다고 합니다.

내려오는 말에 의하면, 신라의 왕과 신하들은 흐르는 수로에 술잔을 띄워 놓고 자기 자리 앞에 올 때까지 시를 짓지 못하면 석 잔의 벌주를 마시는 놀이를 했다고 합니다.

현대에 와서 실물의 반만하게 포석정을 만들어 술잔을 띄워 보았더니 술잔이 물을 따라 흐르지 않고 정반대 방향으로 거슬러 올라가는 사실을 알아냈습니다.

포석정은 한마디로 현대 과학으로도 풀기 어려운, 신라의 장인들이 경험과 직관으로 완성한 결과물이라 할 수 있습니다.

문화재와 관련된 조상들의 지혜

2. 경판전 속에는 어떤 과학적 원리가 있을까요?

합천 해인사에 보관되어 있는 팔만대장경은 총 81,256장의 경판으로 이루어진 대단히 훌륭한 문화재입니다.

이 불교 경판은 고려 시대에 16년 동안의 길고 긴 어려운 작업을 통해 완성된 것입니다.

이 대장경은 만든 지 700여 년이라는 긴 세월이 지났음에도 그 모습이 조금도 변하지 않고 처음 만들 때의 모양을 그대로 간직하고 있어 후손들은 그 훌륭한 모습을 오늘날까지 볼 수 있는 것입니다.

이처럼 나무에 새겨진 대장경이 변하거나 손상되지 않고 지금까지도 잘 보존되어 있는 까닭은 대장경을 보관하고 있는 경판전의 건축 기술이 뛰어나며 그 설계 또한 과학적이기 때문입니다.

즉 경판전 건물을 지을 때 건물 내의 적당한 환기와 온도 그리고 습도 조절 등의 기능을 자연적으로 해결할 수 있도록 설계한 것입니다.

이와 같은 설계는 그 당시로서는 놀라운 과학의 원리를 총동원한 것입니다. 경판전의 건축법은 건축 방법이 얼마나 중요한 것인가를 보여주는데, 현대 과학으로도 쉽게 이해할 수 없을 만큼 고도의 기상학과 건축학 그리고 물리학과 지리학이 함께 어우러진 종합적인 과학 예술인 것입니다.

우선 경판전은 지형적으로 가야산 중간에

남서쪽을 향하여 세워져 있는데, 이는 기온의 변화와 바람의 방향을 잘 이용하기 위한 것입니다.

건물 앞이 시원하게 틔어 있어 남쪽 아래에서 북쪽으로 올라오는 바람이 경판전 건물로 들어오는 것이 아니라 자연스럽게 건물을 스치면서 지나가도록 지어져 있습니다. 이 원리는 건물 내부의 습도를 적절하게 유지하고 통풍이 자연스럽게 이루어지는 데 결정적인 역할을 합니다.

이처럼 경판전을 절묘한 위치에 적당한 방향으로 지은 것은 지질학이며 기상학에 대단히 깊은 지식을 가져야만 가능한 일입니다.

뿐만 아니라 경판전 건물의 설계를 살펴보면 너무도 과학적으로 세밀하게 건축되었다는 것을 알 수가 있습니다.

경판전의 각 벽에 위아래로 두 개의 이중창을 만들어 골바람을 타고 올라온 가야산 바람이 경판전에 많이 머물게 한 다음 조금씩 작은 창으로 천천히 빠져나가도록 하였습니다.

이는 되도록 맑고 신선한 공기가 오랫동안 건물 안에 머물러 있게 하기 위한 것으로, 이미 공기의 대류 현상과 기온에 대한 과학적인 지식을 경험으로 알았기 때문에 가능한 것입니다.

그뿐 아니라 아침에 남쪽으로 난 넓은 아래 창을 통해 들어오는 햇빛은 보관되어 있는 경판에는 직접 닿지 않고 바닥만을 비치게 하여 온도를 높여 주는데 이는 빛의 작용을 절묘하게 이용한 것입니다.

또 경판전 내부의 바닥에는 습

팔만대장경 (출처 : 문화재청)

기 조절을 위하여 숯, 횟가루, 소금을 모래와 함께 차례로 깔아 흙바닥을 만들었는데, 경판전 내부에 지나친 습기와 건조를 막아 경판이 뒤틀리지 않도록 하였습니다.

즉, 습기를 잘 흡수하는 소금의 성질을 이용한 것이며 특히 숯을 흙 속에 넣은 것은 경판전 안에 곰팡이가 생기지 못하도록 하여 항상 쾌적한 공기를 유지하기 위한 것입니다.

고려대장경판 및 제경판

그러나 안타까운 것은 이처럼 과학적이고 깊은 지혜가 들어 있는 경판전을 언제 누가 지었는지에 대한 정확한 기록이 없다는 것입니다.

조선 세조 3년에 경판전 40여 칸을 늘려 지었고 성종 19년에 30칸을 더 지었다는 기록이 있는 것으로 보아 이때 지어진 것으로 추측하고 있습니다.

경판전이 조선 초기에 건립된 이후 한 번도 화재나 전란 등의 피해를 입지 않았기 때문에 우수한 문화재인 팔만대장경을 고스란히 보존할 수 있었던 것입니다.

해인사 경판전은 세계적 문화유산인 고려대장경판 8만 여장을 보존하고 있는 곳으로 해인사에 있는 건물 중에서 가장 오래된 건물이며, 국보 제52호로 지정되어 관리되고 있는 소중한 우리들의 문화재입니다.

우리 모두가 관심을 갖고 보살피고 잘 관리해야 합니다.

문화재와 관련된 조상들의 지혜

3. 에밀레종에는 어떤 과학적 비밀이 있을까요?

성덕 대왕 신종은 나라의 발전을 도모하는 의도로 만들어진 것으로, '에밀레종' 또는 '봉덕사종'이라고도 하며 국보 제29호로 지정되어 있습니다.

에밀레종은 그 종이 만들어질 당시에 그보다 큰 종이 만들어진 유래가 없을 정도로 큰 종이며, 그 시대의 과학 기술을 총동원해서 만들었습니다.

그러나 이처럼 어렵게 종을 완성해 쳐 보았지만 전혀 소리가 나지 않았습니다.

그 후 다시 만들어진 에밀레종은 무게가 18.908t이고 높이는 3.33m이며 지름은 2.27m로, 제작 기간만 34년이 걸렸습니다.

이것은 구리와 주석을 합금하여 만든 청동 종으로, 특이한 점은 기존의 한국 종이나 일본, 서양 종에서는 나오지 않은 유황 성분이 0.22% 나왔다는 것입니다.

전설에 의하면, 에밀레종을 만들 때 어린 아기를 넣었다고 합니다. 엄마 때문에 쇳물 속에 녹아 종이 된 어린 딸의 슬픈 하소연이 종을 칠 때마다 종소리에 섞여 '에밀레'하고 애달프게 울려 퍼진다고 합니다.

한편 에밀레종을 매단 곳의 아랫바닥을 보면 평평하지 않고 약간 움푹하게 들어가 있는 것을 볼 수 있는데, 우리나라의 종을 매단 모든 곳에서 이러한 구덩이를 볼 수 있습니다.

이 구덩이는 기타의 울림통과 같은 역할을 하여 소리가 오래 지속되게 하기 위한 것입니다.

에밀레종 (출처 : 문화재청)

이렇게 에밀레종의 종소리에는 여러 가지 요인이 복합되어 어지러운 사람의 마음을 어루만져 줍니다. 이처럼 큰 종을 만든 조상들의 지혜가 놀랍습니다.

문화재와 관련된 조상들의 지혜

4. 거북선은 어떻게 만들어졌을까요?

거북선은 이 충무공이 창안하여 건조한 세계 최초의 철갑선으로, 이 배를 만드는 데의 일등 공신은 군관 나대용이라고 합니다.

130명에서 150명까지 승선할 수 있는 거북선은 내부가 2층으로 되어 있습니다. 아래층은 노를 젓고 짐을 실을 수 있도록 제작하였고, 위층은 총과 포를 쏠 수 있도록 설계되어 있습니다.

또 거북선의 지붕에는 기어오르는 적을 방지하기 위해서 날카롭게 날을 세운 많은 못이 박혀 있고, 좌우에는

이순신 장군

16개의 노와 2개의 돛이 있어 빠르게 바다 위를 달릴 수 있도록 되어 있습니다.

앞뒤에 2개의 출입문이 있고 지붕에 4개의 비상문이 있으며, 앞의 용머리에서는 유황을 태운 연막을 터뜨려 적을 혼란시킬 수 있도록 하였습니다.

거북선 모형

이순신 장군이 쓴 《난중일기》에 의하면 거북선을 여수 앞 바다에서 제작한 날짜는 1592년 3월 27일이고, 거북선에 지자포와 현자포를 장치하여 연습 포를 쏜 날은 왜적이 침입하기 전날인 4월 12일입니다.

거북선은 기록상 사천, 당포, 당황포 해전에 처음으로 실전 투입되어 왜적을 무찌르는 데 큰 공을 세운 대단한 군함입니다.

일본군들은 거북선만 나타나면 제대로 싸워 보지도 못하고 그 위력에 기가 질려 크게 패배하였습니다.

문화재와 관련된 조상들의 지혜

5. 국보 31호 첨성대에는 어떤 비밀이 있을까요?

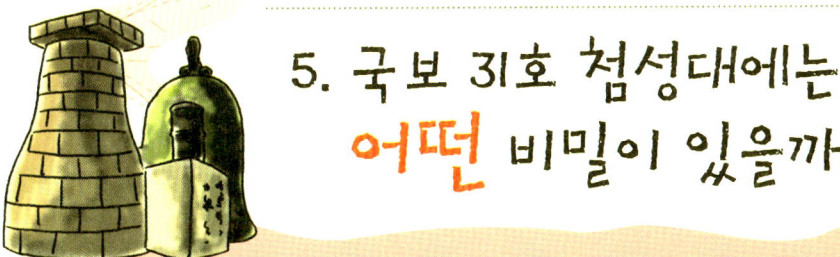

첨성대는 신라 27대 선덕여왕 때 만들어져 국보 제31호로 지정되어 있습니다. 그 자체가 매우 과학적이며, 돌 하나하나에는 상징적 의미가 담겨 있습니다.

첨성대는 세 부분으로 이루어져 있는데 밑에는 사각형의 2중 **기단**을 쌓고 그 위에 돌덩어리로 지름이 일정하지 않은 원주형 모양의 27단을 쌓아 올렸으며, 꼭대기에는 우물 정(井)자 모양으로 긴 돌을 엮어 놓았습니다.

돌덩어리 각각의 높이는 약 30cm이고 화강암 하나하나가 같은 형태이지만, 각 석단(돌로 만든 계단)을 이루는 원형의 지름이 점차 줄면서 부드러운 곡선을 이루고 있습니다.

13단과 15단의 중간에 남쪽으로 네모난 방을 내었는데, 그 아래로 사다리를 걸쳐 놓아 사람들이 드나든 흔적을 찾을 수 있습니다.

첨성대를 쌓은 돌의 수는 모두 361개 정도로 음력으로 계산한 일 년의 날

수와 같으며, 맨 위의 정자 모양의 돌까지 따지면 모두 28단으로 기본 별자리 28수를 상징한다고 할 수 있습니다.

석단 중간의 네모난 창 아래위 12단의 석단은 12달과 24절기를 의미한다고 할 수 있습니다.

첨성대 꼭대기의 정(井)자 모양의 돌은 신라 **자오선**의 표준이 되었으며, 각 면이 정확히 동서남북의 방위를 가리키고 있습니다.

중간의 창문은 정확히 남쪽을 향하고 있어 춘분과 추분 때에는 광선이 첨성대 밑바닥까지 완전히 비치게 설계하였고, 하지와 동지에는 아랫부분에서 광선이 완전히 사라져 춘하추동을 나누는 역할을 하도록 하였습니다.

이처럼 첨성대는 갖가지 상징과 과학적인 구조를 갖추고 있으며, 미적으로도 대단히 고운 선을 가지고 있습니다.

둥근 하늘과 네모난 땅을 상징하는 사각형과 원형을 적절히 배합해 안정감 있고 온순한 인상을 주고 있는 건축물인 것입니다.

이런 뜻이 있어요!
- **기단** : 건축물의 터를 반듯하게 다듬은 다음, 터보다 한 층 높게 쌓은 단을 말한다.
- **자오선** : 천구의 두 극과 천정을 지나 적도와 수직으로 만나는 큰 원으로, 시각의 기준이 된다.

문화재와 관련된 조상들의 지혜

6. 불국사에는 어떤 지혜가 담겨져 있을까요?

　불국사는 석굴암과 같이 신라 경덕왕 때 김대성이 창건하여 신라 혜공왕 때 완공한 사찰입니다.

　토함산 서쪽 중턱의 경사진 곳에 위치한 불국사는 깊은 불교 정신과 상상을 초월한 예술의 혼이 깃든, 세계적으로 그 우수성을 인정받는 건축 예술품입니다.

　불국사는 신라인의 마음 속에 그리고 있는 석가모니의 사바(괴로움이 많은 인간 세계) 세계와 아미타불의 극락(괴로움이 없으며, 안락하고 자유로운 세상) 세계를 상상해서 건축한 것이라 합니다.

　불국사의 건축 구조는 크게 두 개의 분야로 나누어집니다. 하나는 대웅전을 중심으로 올라가는 돌계단으로 청운교와 백운교 및 자하문과 마당에 세워진 다보탑과 석가탑입니다.

　또 다른 하나는 극락전을 중심으로 칠보교, 연화교, 안양문 등으로 나눌 수

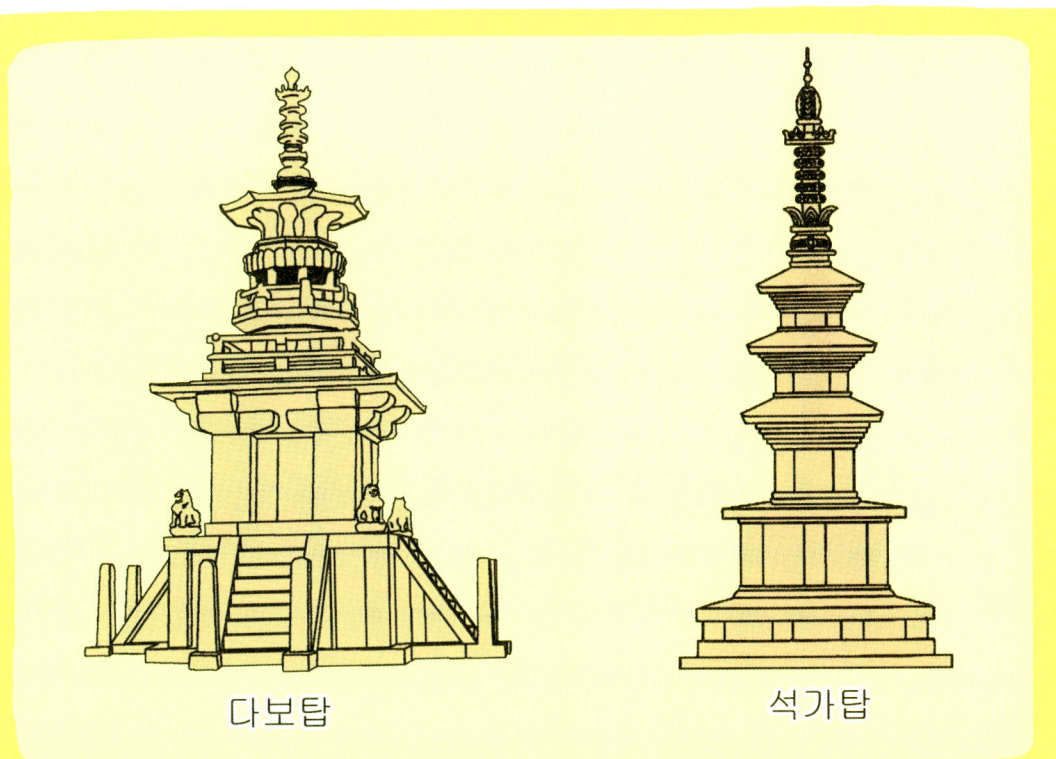

있습니다.

불국사 경내에 있는 높이 8.2m의 삼층 석탑인 석가탑은 각 부분의 비례와 전체의 균형이 알맞아 간결하고 장중한 멋이 있습니다. 높이 10.4m의 다보탑은 정사각형 모양으로 정교하게 다듬은 석재를 목재 건축처럼 짜 맞추었는데, 화려한 기법의 독특한 구조 덕분에 예술성이 매우 뛰어난 탑으로 인정받고 있습니다.

불국사는 사적·명승 제1호로 지정 관리되고 있으며, 불국사 내 주요 문화재로는 다보탑과 석가탑이 있습니다.

불국사는 1996년 석굴암과 함께 유네스코 세계 문화유산으로 공동 등록되어 있습니다.

다보탑 (출처 : 문화재청)

석가탑 (출처 : 문화재청)

문화재와 관련된 조상들의 지혜

7. 석굴암은 어떤 비밀을 지니고 있을까요?

석굴암은 신라 경덕왕 때 당시 재상이었던 김대성이 창건하기 시작하여 신라 혜공왕 때 완공하였으며, 건립 당시의 명칭은 석불사였습니다.

석굴암은 백색의 화강암을 사용하여 토함산 중턱에 인공으로 석굴을 만들고, 그 내부 공간에는 석가여래불상을 중심으로 그 주변 벽에 보살상 및 제자상 등 총 39체의 불상을 조각하였습니다.

석굴암의 석굴은 장방형으로 연결되어 360여 개의 판석을 이용해 천장 등을 교묘하게 구축하였는데, 이 건축 기법은 세계에서 찾아볼 수 없는 방법입니다.

특히 주실 내에 봉안되어 있는 본존불과 석가여래불의 가늘게 뜬 눈, 온화한 눈썹, 미간에 서려 있는 슬기로움, 금방이라도 말할 듯한 입과 코, 길게 늘어진 귀 등은 그 모든 것이 내면에 깊은 숭고한 마음을 간직하도록 조성되

었습니다.

그렇기 때문에 세계에서도 가장 이상적인 미를 대표하고 있는 불상인 것입니다.

석굴암은 동남쪽을 향하여 약 30도 방향으로 동해 바다의 수평선이 바라다보이는 자리에 있습니다.

이처럼 석굴암은 사전에 치밀한 계획 하에 만들어졌는데, 건축 구조와 배치에서 단순하지 않다는 것을 충분히 이해할 수가 있습니다.

석굴암 본존불

동해의 대왕암과 석굴암을 호국 불교로, 일본의 침략에 대한 수호와 김씨 왕조의 안녕을 비는 뜻에서 세우게 되었다고 합니다.

대왕암의 위치는 석굴에서 정확하게 바라보는 시점으로부터 왼쪽으로 약 0.9도 정도 차이가 나도록 만들어져 있습니다.

석굴암의 구조에서 볼 수 있듯이 조상들은 너무도 과학적이고 치밀했습니다.

석굴암 석굴은 국보 제24호로 지정 관리되고 있으며, 석굴암은 1996년 불국사와 함께 유네스코 세계 문화유산으로 공동 등록되어 있습니다.

문화재와 관련된 조상들의 지혜

8. 수원 화성은 어떻게 세워졌을까요?

　우리나라에 세워진 여러 성곽 가운데 수원 화성은 건축 면에서 유독 아름답고 과학적인데, 과학적인 장비가 동원되었다는 점을 그 이유 중의 하나로 꼽을 수 있습니다.

　현재 수원시 중앙에 자리 잡고 있는 화성은 조선 정조 때에 완성된 것으로, 2백 년이 지난 오늘날까지도 여전히 아름다운 모양과 그 웅장함을 간직하고 있는 소중한 성곽 문화재입니다.

　이 성의 공사에는 70여만 명의 많은 인원이 동원되었는데 화성 공사에는 현대 과학자들도 놀라울 정도의 종합적인 과학 기술이 다양하게 적용되어 있습니다.

　수원 화성이 완공되기까지에는 약 2년 6개월이 걸렸는데 성벽 사이에 미석(일명 눈썹 돌이라고도 하는데)을 끼워 비나 눈이 와도 물이 성벽으로 직접 스며들지 않고, 미석을 타고 땅으로 떨어지도록 하였습니다.

수원 화성

이를 통해 우리 조상들은 물이 얼면 부피가 커진다는 과학적인 원리를 이미 알고 성을 건축했다는 것을 알 수 있습니다.

화성의 성벽을 이루는 돌은 화강암으로, 돌을 성벽과 직각으로 깊숙하게 박히도록 쌓아 성벽 앞부분이 무너진다고 해도 뒷부분은 여전히 다른 돌과 맞물려 있게 하여 성 전체가 무너지는 것을 막도록 지었습니다.

또한 뒷부분의 돌들이 더욱 잘 맞물리게 하기 위해서 화성의 성벽 돌에는 잘게 만든 자갈을 넣어 틈이 벌어지지 않도록 하였습니다.

또 화성은 성벽 전체를 구불구불하게 아치 모양으로 만들었는데 그 이유는 일직선으로 만들 때보다 성벽이 더욱 튼튼하기 때문입니다. 그뿐 아니라 성벽을 쌓는 과정에서 성벽의 허리를 잘록하게 쌓음으로써 적병들이 성벽을 쉽게 타고 오를 수 없도록 하였습니다. 이 성벽을 쌓을 때에는 새로운 과학 기술이 동원되었는데, 바로 거중기라는 도르래가 처음으로 이용되었습니다.

조상들은 좋은 재료 없이도 대단한 석공 기술을 발휘했으며, 특히 지혜와 경험으로 만들어진 과학적인 장비를 처음으로 이용했다는 점은 우리 조상들의 위대함을 다시 한번 느끼게 합니다.

우리들도 차근차근 공부하면서 생활에서 불편한 점을 찾아보아 그것을 해결할 수 있는 방법을 연구한다면 새로운 기계는 또 만들어질 것입니다. 여러분들은 장차 자라서 더 좋은 기계를 만들 수 있도록 열심히 연구하는 사람이 되기를 바랍니다.

문화재와 관련된 조상들의 지혜

9. 거중기는 무엇에 쓰는 물건인가요?

거중기는 도르래의 원리를 이용하여 무거운 물건을 들어 올리는 데 사용하는 기계로서 이미 우리 조상들은 조선 중기에 이것을 사용하였습니다.

조상들의 과학적인 지혜가 담긴 거중기에 더 발전적인 생각을 더해 일상생활에 도움이 되는 방법을 연구해 보는 것도 자기 발전에 도움이 되는 일입니다.

우리들이 처음 들어 본 **거중기**는 조선 시대에 과학적인 일상생활을 실천하는 데 앞장섰던 다산 정약용 선생이 지금의 수원 화성을 쌓기 위해서 만든 오늘날의 도르래와 같은 기구를 말합니다.

그 시절 한 개의 성을 쌓는 일은 나라 살림과 백성들에게 경제적으로 또는 육체적으로 큰 부담이 아닐 수가 없었습니다.

특히 무거운 돌을 가지고 성을 쌓는 일이란 치밀한 계획 하에 몇 년에서 심지어는 몇 십 년까지 진행되는 힘든 작업이었으므로 단단한 마음가짐이 없고서는 이루어 내기가 어려운 일입니다.

우선 단단하고 커다란 돌을 크기에 맞게 자르고 다듬는 일 자체가 쉬운 일이 아니고 다듬은 돌을 크기에 맞게 높은 곳까지 운반하는 일 또한 정말로 어려운 일이기 때문입니다.

그러므로 성을 하나 쌓게 되면 많은 돈이 들어가는 것은 물론이고 사람들도 많이 동원되어야 했는데 때로는 불의의 사고로 인하여 다치거나 심지어 목숨을 잃는 일도 자주 일어났습니다.

때문에 과학에 깊은 학식을 갖고 있는 정조 임금은 과학적인 힘을 빌려 성곽을 좀 더 수월하게 쌓을 수 있는 방법을 정약용 선생에게 명하였던 것입니다.

임금의 명령을 받은 정약용 선생은 성을 쌓는 제도와 효과적인 방안을 연구하게 되었습니다.

그는 여러 날 동안 서양의 기술을 적어놓은 《기기도설》이라는 책과 우리나라에서 예로부터 사용하던 활차(움직도르래)와 녹로(고정도르래)의 원리를 이용하여 마침내 거중기라는 새로운 도르래를 만들게 되었습니다.

거중기의 원리는 들어 올리려는 물체를 위에 설치한 4개와 아래에 설치한 4개, 모두 8개의 움직도르래에 연결한 다음 좌우에 있는 큰 도르래를 거쳐 고정도르래(녹으로)의 틀에 감아 돌려서 들어 올리는 구조입니다.

거중기

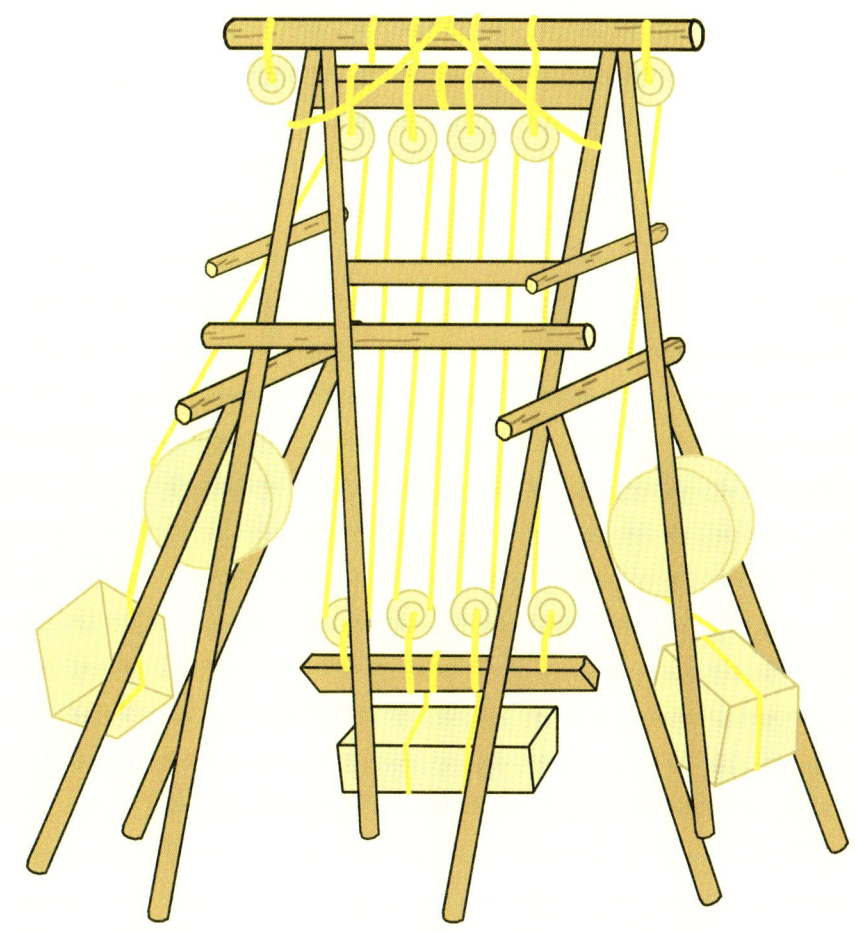

거중기

거중기는 우리가 알고 있는 도르래의 원리로 만들어졌어!

거중기 덕분에 수원 화성이 탄생할 수 있었네?

이렇게 만든 거중기는 직접 수원성을 쌓을 때 사용하였는데 좌우 각각에 15명의 인부들이 거중기 양옆에서 약 7.2톤의 무게가 나가는 돌을 거뜬하게 들어 올려 필요한 곳에 놓았습니다.
　이것은 한 사람이 240kg의 무게를 들어올릴 수 있는 힘을 가지고 있는 것으로 그 시절에는 놀랄 수 밖에 없는 일이었습니다.
　그리하여 수원성은 계획보다 훨씬 빨리 성 쌓기를 끝낼 수가 있었습니다.
　이처럼 과학 기술의 발전으로 같은 일을 하는데도 힘이 덜 들고 시간도 단축할 수가 있으며 경제적으로도 많은 도움을 받을 수 있는 것입니다.
　그 시절 거중기는 과학적으로 만들어져 대단한 찬사를 받았으나, 현재의 입장에서 본다면 별로 대단해 보이지 않을 수도 있습니다.
　과학의 발달이나 발명은 처음부터 화려하고 대단한 것이 아니라 사다리로 높은 곳을 오르는 것과 같은 것으로, 한 계단 한 계단씩 차근차근 올라가다 보면 엄청난 발명도 할 수가 있게 되는 것입니다.

이런 뜻이 있어요!

- **거중기** : 움직도르래는 무거운 물건을 절반의 힘만으로도 들어올릴 수 있는 특성을 가지고 있다.
　이렇게 여러 개의 움직도르래와 고정도르래를 이용하면 무거운 물건을 가볍게 들어올릴 수 있다.

문화재와 관련된 조상들의 지혜

10. 고려청자는 어떻게 태어났을까요?

　색이 곱고 느낌이 조용한 고려청자는 자연의 순리에 맞게 만들어져 있는데 우리들은 이처럼 빛나는 기술을 가진 조상들의 솜씨를 다시금 알아보고 도자기의 생산 과정에서 더 발전적인 방법은 없는지를 연구해 볼 필요가 있습니다.

　옥에 대한 가치를 세계에서 가장 귀하게 여기는 민족은 중국 사람들로, 옥은 황제를 상징한다고 여겨 함부로 대하지 않았던 것은 그들의 오래된 관습입니다.

　또한 일부 귀족 계층에서는 옥이 부귀를 나타낸다고 여겼으며 특히 죽은 후에도 영혼을 보장해 준다고 믿었습니다.

　그러나 일반 평민들은 이처럼 귀하고 값비싼 옥을 갖기란 쉬운 일이 아니었기에 그 대용품을 흙에서 찾으려 하였고, 그 결과 청자 그릇이 탄생하게 되었습니다.

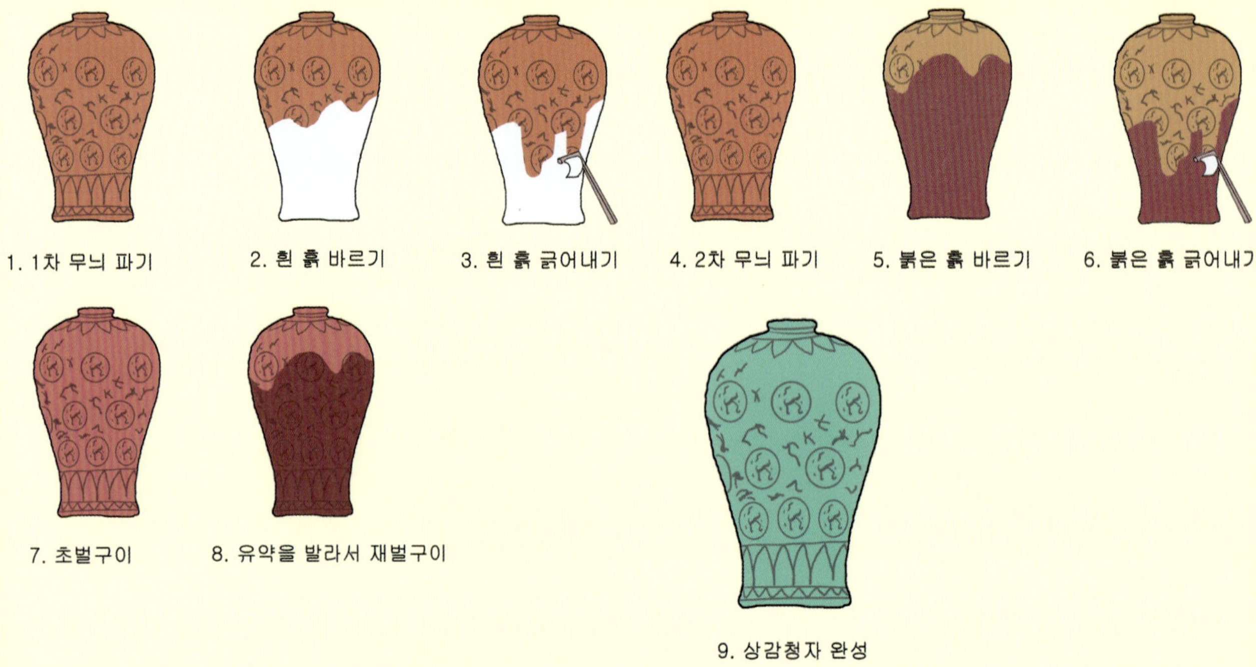

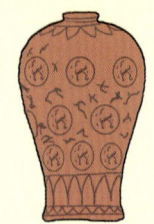 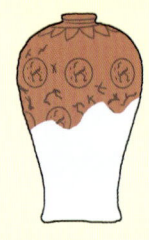 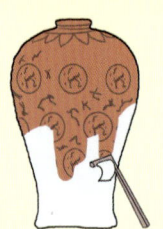 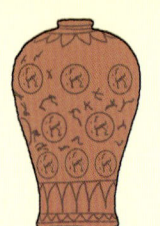 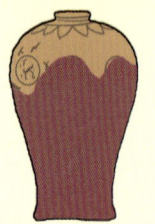 

1. 1차 무늬 파기   2. 흰 흙 바르기   3. 흰 흙 긁어내기   4. 2차 무늬 파기   5. 붉은 흙 바르기   6. 붉은 흙 긁어내기

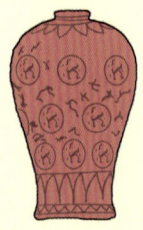 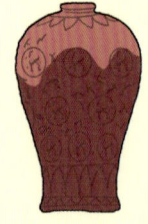 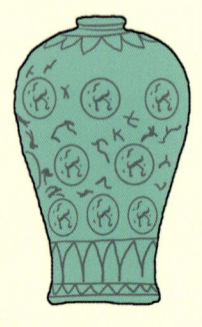

7. 초벌구이   8. 유약을 발라서 재벌구이

9. 상감청자 완성

상감청자의 제작 과정을 보니 우리의 도자기 예술이 정말 뛰어나다는 것을 알 수 있겠어!

아하 ~ 자기를 만드는 방법에 따라서 이름이 달라지는 거구나~!!

그러므로 청자는 중국에서 먼저 만들기 시작해서 우리나라에 들어온 것이라고 할 수 있습니다.

고려청자는 이처럼 중국의 영향을 받아 처음 그 기술을 익히게 되었는데 오래지 않아 고려 사람들은 중국자기를 능가하는 독창적인 청자를 만들어 낼 수 있는 능력을 갖게 되었습니다.

고려청자를 처음 만들었을 때에는 그 표면이 고르지 못하고 색깔도 갈색 계통이 많았습니다.

그러나 연구를 거듭한 끝에 중국보다 더 찬란하고 우수한 세계 최고의 청자 예술품이 나오게 된 것입니다.

고려청자는 섬세하고 부드러운 곡선의 아름다움을 가지고 있으며 그 위에 맑고 물속을 들여다보는 듯한 푸른색이 더해져 신비롭기까지 합니다.

이처럼 세계적으로 예술적 가치를 지닌 청자는 모양이나 색깔 그리고 문양 등이 매우 고급스럽고 세밀한데, 보면 볼수록 아름다운 자태에 신비스러움을 느끼게 됩니다.

그 중에서도 고려자기를 대표하는 것으로 **상감청자**를 꼽을 수가 있습니다.

상감 기법이란 그릇 표면에 나타내고자 하는 무늬를 음각으로 새긴 후 그 안을 백토로 메운 다음 파르스름한 유약을 통해 상감 무늬가 선명하게 나타나도록 구워낸 방법을 말합니다.

이런 방법은 우리나라가 최초로 도자기에 응용한 방법으로써 매우 독창적이라고 할 수 있습니다.

상감청자의 표면에 구름이나 학 등의 무늬가 많이 그려져 있는 것은 불교의 신앙으로 모든 것을 이루려는 마음 때문입니다.

고려자기는 도자기 역사에 매우 독자적인 성격을 띠었으나 몽고의 침입 이후부터 점차 줄어들더니 조선 초기에 와서는 다른 방법인 **분청사기**로 변하여 갔습니다.

고려청자는 주로 서남 해안에 분포되어 있는 가마에서 만들어졌는데 특히 전라도 지방에서 많은 청자를 만들었습니다.

특히 부안에서는 청자뿐 아니라 세련된 고려백자도 많이 만들었는데 이 두 가마에서 생산된 청자는 질이 매우 좋으므로 귀족과 왕실에서 주로 사용하였습니다.

이처럼 영롱하면서도 조용한 색을 지니고 있는 고려청자를 통해서 우리나라 도자기 예술이 이웃 나라들이 부러워할 정도의 차원 높은 기술을 가지고 있다는 것을 알 수 있습니다.

우리들이 현재 각 지역에 흩어져 있는 고령토의 성분을 과학적으로 분석해서 그에 맞는 도자기 연구를 한다면 세계적으로 한국 도자기의 이름이 계속해서 날릴 것이며 그 기술은 영원히 이어져 새로운 도자기 문화가 꽃필 것입니다.

찬란한 문화의 발달은 많은 사람들이 관심을 가져야 하고 전문적인 연구가 있어야 가능한 것이니 이 분야에 취미가 있는 사람들은 열심히 노력하기를 바랍니다.

이런 뜻이 있어요!

- **상감청자** : 청자에 상감 기법으로 문양을 나타낸 것을 상감청자라 한다. 상감청자란 바탕 흙으로 그릇 모양을 만들고 그 표면에 나타내고자 하는 문양이나 글자 등을 파낸 뒤 그 패인 홈을 회색의 청자 바탕 흙 또는 다른 백토로 메우고 표면을 고른 후 청자 유약을 입혀 구운 청자를 말한다.
- **분청사기** : 조선 시대 고려청자의 뒤를 이어 청자에 백토로 분을 발라 구워 낸 도자기로서 회청색(잿빛 바탕에 약간 푸른 빛)·회황색 (잿빛 바탕에 약간 노란색)을 나타내는 것을 말한다.

찾아보기

가마솥 ………… 182, 185
가주 ………………… 35
간장 ………………… 57
갓 ……………… 122, 125
개자리 ……………… 81
거름 ………………… 90
거북선 …………… 200
거중기 …… 215, 216, 218
경판전 …………… 193, 194, 195, 196
계삼탕 ……………… 32
고려대장경판 ……… 196
고려백자 ………… 222
고려청자 …… 219, 222
고무래 …………… 108
고무신 …………… 127
고초균 ………… 22, 101
고추장 ………… 28, 121
고춧가루 …………… 31
고혈압 …………… 10, 27
과당 ………………… 51
관모 ……………… 122
구들 ……………… 80, 84
구들장 … 81, 82, 83, 84
구연산 ……………… 51
구황 작물 ………… 44
국립지리원 ……… 166
국주 ………………… 35
국풍 ……………… 168

굴뚝 ……………… 85, 87
규합총서 ………… 111
극락전 …………… 206
금줄 ………… 101, 152, 153
기기도설 ………… 216
기단 ……………… 203
기와 ………………… 97
기왓골 ……………… 99
기왓등 ……………… 99
김치 ………………… 14
나대용 …………… 200
나이아신 …………… 12
난중일기 ………… 202
날실 ……………… 132
납설 ……………… 149
납설수 …… 149, 150, 151
납일 ………… 149, 151
내빙고 ……………… 40
노동지 ……………… 58
녹로(고정도르래) …… 216
녹말풀 …………… 144
녹봉 ………………… 42
농주 ………………… 35
누비바지 ………… 115
누비옷 …………… 118
니코틴 …………… 26, 27
다보탑 …………… 206
닥풀 ………… 160, 161
단발령 …………… 124

단백질 ………… 11, 22, 37, 46, 51, 53, 70
단청 ………………… 99
당뇨병 … 10, 24, 27, 45
당질 ………………… 53
대님 ………… 127, 129
대왕암 …………… 211
대자리 ………… 170, 172
대장균 ………… 79, 88
도료 ……………… 137
도포 ……………… 122
돌등잔 …………… 178
동국여지승람 ……… 40
동맥경화 …………… 10
동물성 기름 ……… 178
동물성 접착제 … 143, 144
동빙고 ……………… 40
동의보감 ……… 34, 139
동지팥죽 …………… 58
동짓날 ………… 58, 61
된장 ………… 25, 56, 121, 140, 152
둥글부채 ………… 174
뒷간 ………………… 88
드림새 ……………… 99
등잔 ………… 176, 178
디아스타아제 ……… 49
라이신 ……………… 59
레시틴 ……………… 23

223

로진사이즈 ············ 161	바이오 용기············ 79	비단 ················ 132
루틴 ················· 45	박테리아 ············· 88	비루 ················ 112
리파아제 ············· 53	발효 ················ 101	비타민 ··· 12, 14, 18, 22,
마 ··················· 111	방고래 ··············· 81	37, 49, 55, 66, 68
마그네슘 ············· 57	방구부채 ············ 174	사과산 ··············· 51
마룻기와 ············· 99	방한복 ·············· 117	사랑방 ··············· 74
막걸리 ··········· 35, 36	배래선 ·············· 126	사찰 ······ 97, 178, 206
막새 ················· 99	백운교 ·············· 206	사찰 음식 ············· 13
막은데미 ············ 168	백주 ················· 35	산나물 ············ 54, 55
막장 ················· 30	백호수 ··············· 19	산모 ················· 10
망건 ················ 124	버선 ················ 127	산성 ····· 12, 15, 18, 161
매듭대 ·············· 132	번초 ················· 28	산초 ················· 39
명석 ················ 101	베틀 ············ 119, 132	산화 ················ 142
메밀 ·············· 43, 44	변성암 ··············· 82	삼 ·················· 119
메주 ·············· 25, 56	볏짚 ··· 42, 77, 100, 101	삼계탕 ············ 32, 34
메탄 ················· 90	병원균 ··············· 89	삼국사기 ············· 40
메티오닌 ············· 25	보살상 ·············· 209	삼국유사 ············ 124
멥쌀 ················· 69	보온 ········ 91, 93, 115	삼베 ············ 119, 121
멸균 ················· 91	본존불 ·············· 209	삼복 ················ 150
명주 ············ 112, 118	봉덕사종 ············ 197	삼태기 ·············· 101
모시 ········ 131, 132, 134	부뚜막 ············ 81, 91	삼한 사온 ············ 149
목화 ················ 119	부레풀 ·········· 143, 144	상감 기법 ············ 221
무기질 ··············· 55	부식 ············ 139, 142	상감청자 ············ 221
무너미 고개 ·········· 169	부싯돌 ·············· 117	새끼 ················ 101
무쇠솥 ·········· 182, 183	부인병 ·············· 139	새우젓 ············ 46, 48
물거름 ··············· 90	부채 ············ 173, 174	서까래 기와 ··········· 99
물독대 ··············· 20	분뇨 ············· 88, 90	서낭당 ·············· 152
미꾸라지 ·········· 37, 39	분청사기 ············ 221	서빙고 ··············· 40
미네랄 ··· 37, 55, 57, 165	불교 ············ 99, 221	서울 옥중기 ·········· 114
미생물 ············ 56, 90	불교 경판 ············ 193	서울잡학사전 ·········· 34
미역 ·············· 10, 12	불국사 ····· 206, 208, 211	석가모니 ············ 206
바이오 세라믹 ········ 142	불포화 지방산 ·········· 37	석가여래불상 ········· 209
바이오 식품 ··········· 15	비누 ······· 111, 112, 114	석가탑 ·········· 206, 208

224

석계천 ……………… 192	씨실꾸리 …………… 132	왜개자 ……………… 28
석굴암 …………… 206,	아교풀 ……………… 143	요오드 ……………… 13
208, 209, 211	아궁이 ………… 80, 186	용마루 ……………… 99
석단 ………………… 203	아랫목 ………… 83, 84	우중수 ……………… 20
석불사 ……………… 209	아미노산 11, 45, 46, 59	운모 ………………… 82
석회 ………………… 108	아미타불 …………… 206	울금 뿌리 ………… 106
선등 ………………… 178	아염소산 …………… 162	움막 ………………… 101
섬유소 ……………… 55	알긴산 …………… 11, 13	원적외선 ………… 79, 93
성인병 ………… 55, 66	알칼리성 ………… 12, 18	위궤양 ……………… 25
세계 보건 기구 …… 88	암모니아 …………… 111	위암 …………… 25, 139
세모시 ………… 132, 134	암모니아 가스 ……… 90	윗목 ………… 82, 83, 84
솔잎 ………………… 146	암키와 ……………… 99	유기산 ……………… 53
송진 ………………… 54	약초 ………………… 28	유리 지방산 ………… 17
송편 ………………… 146	양독대 ……………… 149	유방암 ……………… 93
솥뚜껑 ……………… 185	양복 …………… 126, 127	유산균 ……………… 16
수맥 ………………… 94	양이온 ……………… 152	음독대 ………… 149, 150
수문사설 …………… 30	어패류 ……………… 10	음이온 ……………… 152
수산화나트륨 ……… 161	어혈 ………………… 139	의관 ………………… 125
수수 ………………… 70	에밀레종 ……… 197, 199	이순신 장군 … 200, 202
수원 화성 ……… 212, 215	여뀌 ………………… 114	이엉 ……… 77, 100, 163
수인성 질병 ………… 88	여러해살이풀 ……… 131	인두 ………………… 187
수키와 ……………… 99	연막 ………………… 140	임진왜란 …………… 28
순창 고추장 ……… 30, 31	연화교 ……………… 206	입춘수 ……………… 20
숯 ………… 56, 57, 152	열대야 ……………… 170	자궁암 ……………… 93
시한제 ……………… 42	열전도율 …………… 84	자염 ………………… 163
식물성 기름 ………… 178	염도 ………………… 165	자오선 ……………… 204
식물성 접착제 … 143, 144	염화마그네슘 ……… 165	자외선 ……………… 95
식용 색소 ………… 107	오곡밥 ………… 69, 70, 72	장독대 ………… 20, 149
식이 요법 …………… 13	오골계 ……………… 34	장어 ………………… 51
신진대사 18, 45, 57, 79	오미자 ……………… 107	재간 …………… 89, 90
심근 경색 …………… 10	옥등잔 ……………… 176	재래식 뒷간 …… 89, 90
심장병 ………… 25, 27	옹기 ………………… 155	잿물 ………… 108, 140
써레 ………………… 163	옻 ………………… 136	잿불 …………… 80, 93

225

저고리 … 130	천일염 … 57, 165	풍수 … 94
저고리 동정 … 126	천일염전 … 163	프레온가스 … 62, 64
접부채 … 174	철갑선 … 200, 201	프로테아제 … 48
정약용 … 215, 216	철분 … 17	피톤치드 … 148
정월 대보름 … 69	첨성대 … 203, 204	한국지명요람 … 166
젖산균 … 14, 17	청국장 … 22, 24, 101	한복 … 115, 126, 127, 129, 130, 132
젤라틴 … 144	청룡수 … 19	
조개 껍질 … 108	청운교 … 206	한지 … 144, 160, 161, 162
종양성 질환 … 139	청장 … 31	
종이 펄프 … 121	초가지붕 … 100	합성 색소 … 106
주작수 … 19	초가집 … 77	항균성 … 119
죽부인 … 158	추로수 … 21	항독성 … 119
죽혐슬 … 158	추어탕 … 37, 39	항산화제 … 66
중동지 … 58	치자나무 … 106	항암 … 19, 24, 55, 68
쥐방울덩굴 … 54	칠보교 … 206	해인사 … 193, 196
쥘부채 … 174	칼슘 … 13, 14, 17, 22, 50	해조류 … 10
증보산림경제 … 28	콜레스테롤 … 13	해초풀 … 143
지비코린산 … 25	콩팥 … 37	행랑 … 75
지자포 … 202	탁주 … 35	행랑채 … 87
질소 … 90	탄산칼륨 … 111	향주 … 35
짚 … 97	탄소 … 57	현자포 … 202
짚신 … 101	탕건 … 124	홍화 … 107
쪽빛 … 107	태모시 … 131	화로 … 80, 93, 186, 187, 188
쪽풀 … 107	테르펜 … 148	
차좁쌀 … 70	트립토판 … 59	화문석 … 170
찹쌀 … 69	팔만대장경 … 193, 196	화성암 … 82
창덕궁 연경당 행랑채 … 87	팥죽 … 59, 61	화학 색소 … 107
창포 … 179, 181	패랭이 … 125	활차(움직도르래) … 216
창호지 … 160	포도당 … 51	황련 뿌리 … 106
처마 … 85	포석정 … 190, 192	황산알루미늄 … 161
천연 염색 … 107, 110	풀 … 108	효모 … 25
천연 옷감 … 110	풍년수 … 151	효소 … 49, 55

조상들의 지혜로운 생활이야기

2005년 1월 15일 1판 1쇄
2010년 4월 30일 1판 2쇄
2012년 5월 10일 2판 1쇄(완전개정판)

지은이 : 이광렬
펴낸이 : 이정일

펴낸곳 : 도서출판 **일진사**
www.iljinsa.com

140-896 서울시 용산구 효창원로 64길 6
대표전화 : 704-1616 / 팩스 : 715-3536
등록 : 제3-40호(1979. 4. 2)

값 12,000원

ISBN : 978-89-429-1301-5

＊파본은 교환해 드립니다.